AF448588

La poética del acontecer

La poética del acontecer

EL SABER Y LA CULTURA

© 2007, GASTÓN SOUBLETTE ASMUSSEN.
Inscripción N° 167.247, Santiago de Chile.

Derechos de edición reservados para todos los países por
© EDITORIAL UNIVERSITARIA, S.A.
Avda. Bernardo O'Higgins 1050, Santiago de Chile.

Texto compuesto en tipografía *Palatino 10/14*

Se terminó de imprimir esta 2ª reimpresión de la
SEGUNDA EDICIÓN
en los talleres de Salesianos Impresores S.A.,
General Gana 1486, Santiago de Chile,
en agosto de 2023.

DIAGRAMACIÓN
Yenny Isla Rodríguez

DISEÑO DE PORTADA
Norma Díaz San Martín

www.universitaria.cl

Gastón Soublette

La poética del acontecer

EDITORIAL UNIVERSITARIA

A la memoria de Lola Hoffmann

ÍNDICE

INTRODUCCIÓN

La poética del acontecer es como la poesía que sucede; el verso natural que nadie escribe. Un nadie, eso sí, que es más alguien que nosotros. Un alguien que también es algo, pero un algo que es más que todo lo que se ve y se toca. La poética del acontecer tiene que ver con eso que llaman "destino". Líneas de movimiento, senderos de itinerancia humana, que convergen hacia un suceso único, largamente preparado en las entrañas del que lo protagoniza o lo observa. Lo que guía los pasos del sujeto hacia la hora señalada y el lugar preciso, esto es, ese alguien o ese algo que juega con el espacio tiempo como ninguno de nosotros podría hacerlo.

Es una magia del suceder que ocurre en virtud de una ley que ninguna ciencia moderna ni arte útil considera para tratar con las personas y las cosas. La ley de analogía. Lo semejante que se atrae con lo semejante, mediante una gravitación universal más viva y misteriosa que la de Newton. Por eso el sabio dice: "Eso que piensas, eso te sucederá".

Todo acontecer se rige por la ley de causa y efecto y por la ley de analogía. La primera aporta la explicación mecánica del hecho por el agente inmediato que lo provoca. La segunda aporta el contexto horizontal de todas las resonancias que armonizan analógicamente con el hecho, allende las fronteras del espacio y del tiempo, y dan razón de él mejor que toda explicación.

Cuando se vive en un mundo puramente causal, la ciudad humana expulsa como cuerpos extraños a su cuerpo, la poesía y el misterio. La verdad se hace vertical y absoluta. Se clava en el suelo como un poste. La urbe moderna erizada de rascacielos es una materialización analógica del absolutismo vertical de la mente moderna. También lo fueron las torres de las catedrales góticas, en especial las que sólo tienen una, en forma de aguja, como la de Ulm en Alemania, que mide ciento treinta metros. También los monolitos y columnatas triunfales de los emperadores, desde Trajano hasta Napoleón, son expresiones analógicas del absolutismo mental. También las columnas en cuya cima permanecían durante una vida esos místicos llamados "estilitas", que tan mal entendieron a Jesucristo que creyeron seguir fielmente su evangelio viviendo encaramados en un poste de piedra. Su absolutismo místico fue tan insensato como el absolutismo político de Napoleón.

Pero la ley de analogía no es el invento de nadie. El hombre nace con la aptitud para entender al mundo por analogía, pero en el correr de los años esa aptitud se atrofia en el plano consciente y se refugia en los sueños. Por eso es que algunos que ya dejaron de ser niños pueden llegar a tener a veces la impresión de que sólo son felices soñando. Aunque la poética del acontecer puede ser una magia tan blanca como negra, pues la ley de analogía puede operar igual en un acontecer luminoso, como en un acontecer tenebroso. Existe por eso una poética satánica. Se puede dar vida poéticamente pero también se puede dar la muerte.

Por la ley de analogía se aproximan cosas que en apariencia son en todo diferentes. Los que tienen la aptitud de manejar bien esa ley entonces descubren la semejanza oculta que esas cosas pueden tener. Empezando por la simultaneidad. Cosas diferentes que se pueden asemejar sólo en el hecho de haber compartido en un suceso el mismo instante. O cosas muy distantes en el tiempo y el espacio pero que conviven simultáneamente en un mismo pensamiento. El que las evoca puede que tal vez no sepa por qué ha ocurrido eso, pero una observación atenta le hará descubrir luego que hay algo así como un patrón narrativo inconsciente que le permitió referirse a lo distante y próximo en los mismos términos.

Pero la observación humana, por lo general, está viciada; viciada por las proyecciones que el sujeto estampa sobre las cosas, es decir, sus propias pretensiones, las cuales ni siquiera le son propias, sino agregadas mediante una pedagogía elaborada por los hombres que suelen golpear y apretar fuerte. Es una estafa en la que toda la población de la tierra está implicada, porque el estafador suele operar como si su delito fuese un crimen perfecto, sabiendo, sin embargo, que nunca ha habido el tal crimen perfecto, y eso, porque los que apretan fuerte, saben, aunque así no lo parezca, que algún día terminarán por soltar. Eso, en lo que se refiere a la observación, pues la observación humana tiene el ojo enfermo por el deseo de apropiación y dominio. Tal es el sentido del antiguo refrán chileno que dice: "El ojo mira bien, si la mente no mira por él".

Es preciso poner fin a ese propósito artero que define las cosas por proyección y apropiación. Sólo así se abrirá el ilimitado panorama de un mundo horizontal donde todo lo percibido, aún lo más lejano, es discernido por su semejanza con lo que se tiene más a mano, o convive en armonía con lo otro y distinto por características y funciones semejantes que los ecualiza en el sentido.

La analogía está en la mente del observador y sólo así se entiende que sea una característica de las cosas observadas. Por eso el buen manejo de la ley de analogía lo puede hacer sólo quien antes de observar el mundo, observa atentamente su propio corazón.

Gastón Soublette

1

DEL MITO DEL PARAÍSO

Alguien dijo que los mejores paraísos son los paraísos perdidos. En lo que a mí concierne pienso que los mejores paraísos son los que nunca hemos conocido. Habitados sólo en sueños, son como la reserva de un mundo que no pertenece al mundo del que somos parte. Hubo un buen ladrón y un fariseo converso a quienes se les concedió un breve anticipo de esa ventura.

Tenemos aquí, por una parte, un paraíso original, que es un ente de fe hebrea, cristiana e islámica, pero que también es memoria genética. Tenemos, por otra parte, un Reino de Dios que también es un ente de fe, pero que también es memoria futura o destino. Al primero se le puede llamar "modelo inicial", y al segundo, "modelo terminal". Ambas son cosas que el cielo gratuitamente da, antes del comienzo y después del término. En lo que se refiere a la "tierra prometida", se la puede considerar como un anticipo y ayuda para entender que, a pesar de todos los horrores de la historia conocida, desconocida y por conocer, el milenario drama del género humano ha de tener un buen término.

Soy uno de esos que recuerda su infancia. El futuro y el olvido no han logrado hacer de mí un puro adulto de cuerpo presente. No es por nada que mi autor preferido es Lao Tse, el así llamado "viejo niño" y que en el único libro cuya autoría se le atribuye hay tantas referencias a los tiempos de la armonía original.

Nací en Antofagasta, ciudad del norte de Chile, en el año 1927 de la era cristiana. Un lugar que en ningún aspecto podría yo asociar con el paraíso. Cuando evoco mi estancia en ese desierto colonizado por salitreros y gringos prepotentes, no soy feliz, ni entonces ni ahora. Era esa una tierra sin espíritu. El que tenía le fue sustraído a fuerza de meter ahí la mala onda del monstruo que come arena y piedras, hecho del que sólo pueden dar cuenta los que nacen con el olfato y el pálpito para percibir eso que dejó impregnados de una sorda melancolía, los suelos, las montañas y las rocas. No era ese un lugar del mundo en que yo hubiese podido decir: "yo soy". Iahvé-Elohim plantó un jardín al oriente en Edén donde puso al hombre que había formado del barro de la tierra, y ahí fue Adán en alma viviente. Eso es lo que quiero decir. En Antofagasta yo estaba en el desierto de Irak, Dios debía rescatarme de esa aridez, reconstruir su Edén, y ponerme en un jardín hecho a mi medida.

Por pura misericordia fui sacado de ahí, y mi frágil cuerpo de barro fue puesto en un jardín de maravilla llamado entonces "Viña del Mar". A partir de eso todo fue distinto. Las huellas de las cosas vistas y oídas dejaron de ser fragmentos inconexos para volverse una secuencia continua que transcurre sobre un fondo de sentido y se extiende naturalmente de un día a otro para hacer de mí un viviente que se reconoce y descubre desde fuera hacia adentro y desde dentro hacia fuera.

Se dicen estas cosas de este modo en atención a la línea central de una existencia obsesionada por el mito del paraíso.

Una mano grande que contiene una pequeña. Una voz de registro grave que alterna con un graznido de pájaro. Así cogido de la mano de mi padre comencé a conocer el mundo. El antiguo fundo de la familia Vergara, fundadora de la así llamada "Ciudad Jardín", fue el campo de mis primeras incursiones en el paraíso por conocer. Era yo ese niño de palo que al toque de su hada o estrella, comienza a moverse y a mirar por la ventana todo lo nuevo que le espera.

(Sin salir por la puerta, se pueden conocer los caminos del cielo, dice Lao Tse. Son grandes zancadas esos caminos, vistos desde arriba, como esas misteriosas líneas rectas, curvas o quebradas que se perciben en la superficie de los planetas vecinos. Itinerario de los ciclos y edades del tiempo que los humanos difícilmente entendemos).

Sin tomar el camino principal, por un atajo poco frecuentado del costado sur de esas tierras se llegaba a la parte trasera de la Quinta Vergara. Eran lomos de colinas que configuraban quebradas y hondonadas boscosas pobladas de palmas chilenas de grueso tronco. (Ciertos conjuntos de palmas datileras que suelen hallarse en el desierto de Irak, son los últimos vestigios del Edén que ahí hubo, entre un Tigris y un Eufrates, que hoy cubren las cenizas del olvido y la chatarra del infierno).

Una vertiente cristalina e inagotable corría en medio de una pequeña selva de peumos, pataguas, y bellotos, los que alternaban con las palmas y todo en pendientes, cimas, terrazas o desfiladeros.

Es un sueño el que usted está contando, diría el especialista. Está presente el padre (el espíritu) y está usted en su primera infancia. Está la mano en la mano que lo vincula a él. Está el mundo cubierto por un manto de belleza continuo y sin signos de deterioro. Es una fotografía, responde el paciente, que alguien nos tomó para dejar constancia o registro visual de que los humanos empezamos así de bien nuestra vida.

Esta era una profesora de primeras letras, de nombre Luisa Soza. Católica ferviente y devota de María, lo que no impedía que también fuera ella una buena conocedora de la Biblia y pudiera contar a manera de cuentos para niños eso que entonces llamaban historia sagrada.

Fue una buena manera de iniciar mi educación cuando ella abriendo su boca nos enseñaba diciendo: "En el principio hizo Dios el cielo y la tierra..." Extraigo de su repertorio la frase que me quedó sonando entonces hasta hoy, esto es, eso de que estaban desnudos y no se avergonzaban, pero que después de comer del fruto prohibido conocieron la ciencia, tuvieron miedo y se escondieron. En realidad, más que el paraíso mismo, fue la pérdida del paraíso lo que me impresionó.

Era algo que estaba ahí desde mucho antes, pienso yo, cuando nada hacía presagiar que una familia Vergara establecería en ese paraíso de peumos, pataguas, y palmeras, su palacio veneciano. Lo que motivó al fundador o descubridor, si se quiere, de Valparaíso, el caballero español don Juan de Saavedra, a darle a todo ese lugar un nombre vinculado al jardín de nuestra ventura original, esto es, el nombre de "valle del paraíso". Antes fue la edad del sueño, cuando el soñar y el vivir eran una misma cosa. Pero yo nací después de la edad del sueño, mucho después, aunque alcancé a respirar el aroma de las últimas brisas de su atardecer. Por eso mi paraíso personal, la ciudad de Viña del Mar, era más bien un jardín de regadío. Pero originalmente fue mucho más que una gentil villa marítima, cuando las vertientes que bajaban por las quebradas emboscadas, cuya agua corre hoy por oscuros cauces subterráneos, llegaban libremente hasta el estero de Marga Marga, y los bosques de peumos y palmeras cubrían las colinas y las partes bajas donde después se trazó el diseño de la ciudad. Pero en los tiempos del sueño, cuatro arroyos surcaban el área salvaje.

Las imágenes oníricas son empréstitos obtenidos inconscientemente de la realidad visual. A causa de una intervención quirúrgica que restableció mi equilibrio biológico, una nueva corriente vital se desplazaba dentro de mí sin obstáculos, como si siempre hubiese estado ahí entre mis líneas de fuerza. El empréstito de la realidad visual en este caso fue evidente. Yo vi la vertiente que nace en la quebrada de la Quinta Vergara cruzar desde la calle Montaña hasta los márgenes del estero de Marga Marga. Su recorrido por lo que hoy es la plaza de la iglesia parroquial, la plaza Sucre y la plaza Vergara era entre peumos y palmeras, hasta su desembocadura en el estero. Pero el prodigio ocurría sólo para mí. Nadie se sorprendía de esa novedad y la gente transitaba por las calles como si lo que estaba viendo yo maravillado fuese normal y ordinario.

Pero el descubridor español preocupado de ejercer su derecho de conquistador no pudo abandonarse al sentimiento que hizo surgir en él este valle del paraíso por él bautizado. De vuelta al virreinato del Perú, en una cena con el virrey, contó su experiencia. Aparte de lo visto había quedado en él una sensación de algo más. Trató de decirlo pero no pudo. Después de una pausa el virrey cambió el tema de la conversación.

La ciencia de lo bueno y de lo malo engaña al hombre sobre el objeto del conocimiento. Empieza por enseñarle el simple hecho de que está desnudo, atemorizado y algo avergonzado también de haber cedido a su atractivo. Pero ese descubrimiento repentino, esa inesperada decepción, es la que genera la materia real de su sapiencia, esto es, el arte de vestir al desnudo. La ciencia de cubrir, no la de descubrir. Vestido y muro protector son la misma cosa, también vestido y cerrojo, paredón y lápida mortuoria.

Vestido y dignidad es noción propia de los hebreos y de los chinos. Griegos, romanos, celtas y germanos se muestran en cuero más fácilmente.

Saber qué es estar desnudo para dejar atrás la indignidad de las bestias, pero sin dejar de ser una de ellas. Vestir y embestir se parecen. El trágico historial de los pueblos indígenas desde el siglo XVI, sindica al hombre vestido y de tez blanca como el enemigo de la vida. Los sabios de sus comunidades lo sufren, lo meditan, pero no lo entienden.

Adán no es expulsado del paraíso, es él mismo el que busca en la estepa tórrida y lúgubre el destino que se aviene con su desamor. El ángel no hace más que ejecutar su autocondena, la que todo orgulloso se aplica a sí mismo encarnizadamente. (La torre de Babel y sus "gemelas", consumidas por el fuego, por agentes preparados por sus mismos constructores, con aviones de sus mismas líneas aéreas, y carburante refinado por ellos mismos. Todo previsto y callado en un silencio digital de alta tensión, sin interferencia posible. La agresión terrorista que ellos, con inexorable justicia, tenían que administrarse).

Las células del cuerpo humano son unidades de información que conservan y archivan las experiencias de un remoto pasado de la especie. Pero hay algo más hondo. Un magma subterráneo que todos compartimos por igual. En él nuestra individualidad flota como una substancia en extremo inestable.

Con todo lo que pueda hoy decirse sobre la psicología personal y transpersonal, una diferencia apreciable se echa de ver en los hombres según esté o no esté activa en ellos la memoria de los orígenes. En la mayor parte de los hombres esa memoria se ha desvanecido casi por completo. Son los huérfanos de la antigua "tellus mater". Las expresiones "recursos naturales" y "recursos humanos" los deja en evidencia. Esas expresiones suponen una agresión. La tierra agredida por el intelecto es sólo un recurso. El hombre agredido por la economía es sólo un recurso también. Pero la noción de recurso conlleva también la de emergencia. Se vive en estado de emergencia y a los recursos se recurre echando mano de un modo apremiante, como en la desesperada búsqueda de un salvavidas en la bodega de un barco que naufraga. Recurso, crecimiento, recesión y crisis, todo eso habla de apremios ilegítimos, entién- dase tortura de todos los seres que entregan la vida con dolor o sin él. Pero el paraíso olvidado por los huérfanos de la "tellus mater" aguijonea nuestro olvido con estadísticas. Esto se acaba a corto plazo.

Adolf Hitler y Heinrich Himmler eran hombres obsesionados por la nostalgia del paraíso, esto es, la Hiperbórea de los arios. Es como un canto de sirenas esa nostalgia. Puede causar la muerte por la fuerza succionante de la añoranza. Falta compensarla con el nervio que trasmuta en labor creadora esa energía que genera imágenes de maligna belleza. Las sinfonías de Mahler son una prueba ética de quien, gracias al don de la música, sobrevivió a la muerte por añoranza. La obra de Hitler no sobrevivió. Tomó él todas las providencias necesarias para asegurarse la consumación de la tragedia. Fue su obra de arte total. Doce años duró su tragedia. Doce son las tribus del Israel inmolado, doce los tonos de la Escuela de Viena, doce los golpes de timbal que ponen fin a la última sinfonía de Mahler. The rest is silence.

Una cierta distancia en la mirada y en el mismo corazón advierten al niño que en su caso, más nutrientes hay para él en su mismo ser que los que el mundo le ofrecerá para ser. La distancia obligada que da la experiencia de construir un mundo propio en el mundo, pero sin compartir la ideología del mundo. La distancia del corazón es también distancia de los sentidos. Así se percibe y se entiende la verdadera trama del juego de la vida.

Son las mismas cosas y las personas las que por su carga magnética se sitúan en la justa distancia que por su rango les corresponde. No es que uno busque la distancia, la distancia se establece por sí misma, y eso para que el sujeto se haga fuerte a partir de un inicial desvalimiento. Ese desvalimiento es compensado por la experiencia de la belleza, por la experiencia del misterio. El misterio de ser pero no ser del mundo.

En realidad las convicciones profundas son un lujo del que sólo pueden disfrutar los observadores.

Sigmund Freud sostiene que el niño, a medida que pasan los meses y los años, va sufriendo el embate de sucesivas decepciones. Algo como un contramundo le sale al encuentro para oponerse a su entusiasmo paradisíaco. Son órdenes de una legalidad que le va haciendo sentir que él no nació entero, y que el mundo no es un campo donde no haya trampas para su desgracia. Después llegará a saber por experiencia que nadie nace entero, esto es, con la integridad que le permitiría ejecutar un acto sin sufrir la adversidad de una reacción dolorosa. En el caso del autor de este texto, él sólo podía asimilar o asumir sus decepciones subiéndose a las ramas medianas de un árbol que había en el jardín de su infancia, como en los remotos tiempos nuestros "cromagnones" y "neanderthales" buscaban sobre los árboles ponerse al resguardo de los peligros y decepciones a que se veían expuestos en el nivel bajo. Por memoria genética se aman los árboles, los ríos y las profundidades y extensiones territoriales; por memoria genética también se teme a la oscuridad. Los depredadores que acechan en la noche sin que podamos verlos pero sí oírlos u olerlos quizá, lo que los vuelve aún más aterradores.

Hay también temores que emergen de las profundidades interiores ("Les puissances du dédans") y que atenazan a los niños bajo la forma de "terror nocturno". El que esto escribe sufrió de eso a los seis o siete años. Un pánico sin forma determinada. Sentía él que su espalda no se apoyaba en la cama. Algo como una congestión en la columna vertebral le hacía sentir que levitaba, y por eso sentía vértigo de altura. La serpiente Kundalini que tentaba e intentaba a esa tierna edad hacerle alcanzar alturas desde donde todo humano no puede menos que caer.

Paraíso quiere decir "jardín cerrado", jardín plantado y protegido por el hombre. Decir que Dios plantó un jardín al oriente en Edén significa que fue su voluntad que los hombres lo hicieran. Edén viene de Edín, que en lengua sumeria significa estepa. En hebreo significa delicia. Entre la estepa y las delicias, se está queriendo decir con eso que los sumerios plantaron un jardín en la estepa, haciendo germinar frutales y cereales donde antes reinaba la aridez esteparia. Para eso canalizaron el agua del río Tigris, esto es la "corriente veloz" y la del río Eufrates, esto es, la "gran vasija".

La tradición de los chinos dice que el paraíso estaba surcado por cuatro ríos. Eso dicen los chinos porque el prestigio del jardín sumerio de Edín llegó hasta sus oídos. De los cuatro ríos, Tigris, Eufrates, Fisón, y Guijón, mencionados en el Génesis, los dos últimos son canales de regadío. Otros sostienen que son réplicas celestiales de los dos ríos terrenales. Suscribo ambas interpretaciones.

Porque el Elohim del Génesis sufrió al parecer un insensible proceso de degradación en la mente del escriba. La redacción tardía de una antigua tradición oral se inficiona de los pensamientos con que los hombres se representan el mundo, aunque lo medular de un texto sagrado no puede ser alterado por circunstancias como esa. Los ángeles custodian el sentido, y siempre habrá en el mundo una porción esclarecida que tenga oídos para escucharlos. Con todo, es un hecho que el jardín de Edén de los hebreos coincide con una gigantesca obra de ingeniería hidráulica y agricultura. ¿No sería éste un modo velado de magnificar el genio creador del hombre por influencias paganas? ¿No sería también acaso una manera velada de menospreciar los trabajos de Elohim anteriores al sexto día?

Una actitud semejante se percibe en el Shu King "Sagrado libro de la Historia" de Confucio. Comienza este libro con un capítulo llamado Yao-Tien, referido a los últimos tiempos del reinado del emperador Yao, llamado el "grande" (2357-2283 a.C.). El diluvio había anegado gran parte del territorio del imperio y las aguas amenazaban con alcanzar las altas cumbres. De haber consultado entonces el oráculo de las varillas de milenrama el dictamen habría sido el de agua sobre agua, esto es, la duplicación del peligro. Signo nefasto para un soberano que se había esforzado por beneficiar a su pueblo solucionando en su favor grandes problemas, generados, no obstante, por sus mismos actos de gobierno. Notad eso.

Los diluvios son decretados por el cielo para exterminar a una raza carente de virtud. En el diluvio del Génesis pereció la raza de Caín, el hijo de la serpiente. En el diluvio chino pereció la raza del Caín mongólico llamado Tchi Yeu, monstruo que comía arena y piedras. Caín quiere decir "herrero". Decir que Tchi Yeu comía arena y piedras es una manera metafórica de aludir al trabajo de extracción de minerales. Tchi Yeu era herrero también.

Nuestro parentesco con Caín no es por la sangre, es como nuestro parentesco con Abraham, es decir, por la fe. Es por creer en lo mismo que Caín creyó que somos sus descendientes. Porque es un hecho verificado que el diluvio del Génesis no logró exterminar enteramente a la raza de Caín. Dios no lo permitió para no correr el riesgo de exterminar a todo el género humano.

En el diluvio del Génesis las aguas se retiraron por sí mismas. En el diluvio chino su evacuación hacia el mar fue obra de un soberano llamado Yü, experto en ingeniería hidráulica. En el Time de New York se publicó un artículo en el que se hizo un cálculo para evaluar la magnitud de los trabajos que Yü tuvo que realizar para evacuar las aguas del diluvio (descritos en el Shu King de Confucio) y se llegó a la conclusión de que ni con todas las máquinas excavadoras, grúas y vehículos de carga que posee Estados Unidos se habría podido hacer el trabajo, de haber ocurrido el diluvio de Yao en el siglo XX. (Habría sido el diluvio de Mao).

Confucio comienza su Libro de la Historia con el diluvio para magnificar las empresas de las etnias que entonces demostraban tener una vocación civilizadora. El sistema de regadío del jardín sumerio de Edín pertenece a ese tipo de obras ciclópeas de la antigüedad.

Evacuar las aguas del diluvio para dejar al descubierto la tierra seca significa vencer el caos y establecer el orden (Y Dios dijo: "sepárense las tierras de las aguas").

El redactor del Génesis toma por modelo el Jardín de la estepa sumeria conociendo la pericia tecnológica de los sumerios, aunque él sitúa ahí a la primera pareja humana desnuda, rememorando con eso el pasado paleolítico, cuando despuntó la inteligencia y el hombre instituyó los nombres para ordenar el mundo. El ver sin nombrar no ha de haber sido un ver claro y distinto para el hombre. Por eso el nombre trae un supuesto visual, y la imagen trae un supuesto verbal. No sabemos ya como era el mundo no delimitado por nombres.

De la confluencia del corazón y los objetos surgieron los nombres. El ver y el oír sirvieron de nexo. El corazón estableció la profundidad de campo de lo que es la instancia del ser ahí y la instancia del ser junto a. Significar por analogía. Saber de lo lejano por lo que se tiene al alcance de la mano. Ver y oír a cientos de leguas a través del orificio de la piedra horadada, porque se ha aprendido a servirse de ella. Se dice profundidad de campo en el sentido de continuidad de mi propio ser en la extensión del mundo y continuidad del mundo en mi propio ser.

Las dos risas, la inocente y la irreverente; más la mueca de la melancolía, son las tres máscaras del teatro de la vida. Porque la primera risa fue irreverente y causa de maldición. La tradición de los antiguos lo sindica como Cam, el mal nacido. Noé, su padre, se embriagó con el jugo fermentado del fruto de la vid y se durmió desnudo. Cam estimó en su frivolidad que ver a su padre despojado de las prendas que eran propias de su dignidad era un hecho para la risa.

Desnudez e indignidad, tal fue el nuevo criterio que el hombre adquirió luchando en la tierra de Nod contra la sequía y el hambre. Fue Caín el habitante de Nod el que primero concibió la vida como un problema.

La seriedad de esta historia es abrumadora; no hay lugar en ella para el hombre que ríe.

Lo artificioso comienza con la vocación civilizadora de algunas etnias prehistóricas. Por esa vía y al cabo de algunos milenios se llega al refinamiento aristocrático. El refinamiento nace primero del ceremonial. Se ofrece al cielo lo que no se ofrecería a los hombres. El sacerdote se refina; lo refinan los artesanos y orfebres del atuendo y la joyería. De la sabiduría sacerdotal derivan los patrones formales para los ornamentos. El príncipe se beneficia de la cultura sacra, y cuando las costumbres se relajan, se magnifica a sí mismo, y lo magnifican. Así se termina por ofrecerle lo que ni al mismo cielo se ofrecería. (Por eso el rey de reyes entra en su ciudad montado en un asno.) La malicia del que detenta el poder para hacer y deshacer aquí abajo como si el ojo de Dios estuviera ciego. Eso se llama adquirir divinidad por analogía, aunque después se termine muriendo miserablemente de viruela o peste negra.

El refinamiento aristocrático es como la sífilis, no se pasa nunca. Es herencia genética. Los nietos y bisnietos están contreñidos a ver el mundo como si lo miraran desde la ventana de un castillo.

Sir Francis Bacon creía que por el desarrollo de las artes útiles y el comercio, el hombre podía alcanzar la ventura original de que Adán gozaba en el paraíso. En ese supuesto se fundó la prosperidad del imperio reformado del Norte de Europa. Después ese imperio pasó su cetro al hermano mayor de América, que lo llevó a su perfección. Tal fue su "Isla de los Juegos", su "Disney World". Sólo faltaba el rito conclusivo del retorno. Tales fueron las inconfesadas razones para invadir Irak, esto es, el hermano mayor necesitaba hacer sentir su poder en el desierto que se extiende hoy entre los ríos Tigris y Eufrates, aunque sus aguas quedaran atestadas de desechos.

Cuando nos desprendemos de la mano de nuestro Padre y lo perdemos de vista por mucho tiempo, Él vuelve sobre sus pasos al fresco de la tarde y nos llama angustiado antes de que caiga la noche, pero ya nosotros no somos los mismos. Cuando el mundo se nos vuelve inhabitable, no es ya el Padre quien nos busca, somos nosotros quienes lo buscamos a Él, pero Él ya no es el mismo.

Suntuosas mansiones, algunas de las cuales aún se hallan en el lugar aunque no en su lugar, por eso del espacio tiempo, y lugares en el tiempo, esto es, el aliento del espacio cuando están vivos sus años y sus horas. Pero los años pasan y sólo queda el lugar para dar lugar a otro tiempo. La casa está ahí y hasta se percibe al pasar que aún hay eso que vulgarmente se llama mantención, pero los de la casa no están dentro ni fuera, ni siquiera lejos, pues su ser ahí se dio con otros seres que también estaban y eran en su ahí. Entonces la belleza corre el riesgo de ser aventajada por el tiempo, que busca, como nuevo que es, su nuevo espacio, el que fatalmente no ha de ser el que ha sido hasta el día en que de ahí salió el último de sus ausentes. La belleza, entonces, despierta de su trance onírico y es violada hasta morir por las dentelladas institucionales de la máquina demoledora.

La gentil villa marítima tenía el sello de eso que en referencia a las personas se llama distinción. Esa correspondencia entre lo bien construido y lo que está bien asentado en la raza. Bella apariencia y modales de gracia. Escuela de formación que nadie podría definir. Los pioneros se esforzaron para que sus bisnietos pudieran lucir como señores, con soltura de cuerpo para entrar y salir por esas puertas de madera labrada o cocheras para sus *calèches* o sus *cabriolets*.

Atribuir a la ciudad misma la gentileza de sus habitantes, aunque cabe pensar que fueron gentiles personas las que edificaron su belleza. Unas pocas docenas de miles de una raza única. Los distinguidos y afortunados señores y señoras de "Viña del Mar", esos cuya distinción no siempre les permitió distinguir entre las exigencias de la justicia y las de sus propios intereses, pero que al menos supieron hacer ciudad cuando la ciudad los dejó hacer.

La aristocracia viñamarina era diferente, en todo diferente a las aristocracias de otras latitudes. Su etiqueta era coloquial y aleatoria. Improvisaba sus usos y costumbres sobre una base de virtud y señorío.

Don Agustín Ross Edwards salía a las ocho de la mañana de su villa Cornelia, en primavera, en pijama, bata de seda y pantuflas. Recorría pausadamente el tramo de la calle Álvarez que separa su residencia de la estación del ferrocarril de Viña del Mar, sin preocuparse de lo que dijeran o hicieran los transeúntes. Compraba el diario El Mercurio de Santiago, recién llegado, y volvía a su residencia, leyendo las noticias del país y del extranjero por la vereda sur de la misma calle.

Un nieto de don Agustín, que aún reside en la calle Agua Santa, decía en otros tiempos que el estreñimiento es un privilegio de la clase alta porque durante siglos los señores han cagado en sus *cabinet de toilette*, en tanto que los hijos del pueblo han cagado a pulso en cuclillas a campo abierto o escondidos entre las matas. También decía que las fecas de un caballero huelen más fuerte que las de un peón, porque el caballero es por lo general un *gourmet* y come cosas elaboradas, en tanto que el peón come cosas simples, cuando no porotos.

La señora María Luisa Edwards Mc Clure de Lyon sale de su castillo San Jorge situado en la colina que da sobre la playa de Miramar, y camina a pie hasta la playa de Las Salinas, situada a unos siete kilómetros de su residencia. El camino es largo pero ella lo hace con entusiasmo para mantenerse en forma y sana. A la altura del kilómetro cinco le vienen ganas de orinar a doña María Luisa, justo donde se están levantando unas construcciones que requieren de mucha mano de obra. Ella entonces acuerda con los trabajadores que le construyan, en un sitio apartado y clausurado del lugar, una letrina especial para ella, la cual usó casi durante dos años.

Algunos miembros de la nobleza europea se maravillaron del señorío original de la aristocracia viñamarina. Era el protocolo de una raza elegida para vivir en el valle de Marga Marga una experiencia paradisíaca con la que no se soñó ni María Antonieta en su *chaumière* y parque rústico de Versailles.

Gustav Mahler se refirió a su 4ª Sinfonía diciendo que era una representación del mundo como un eterno presente. Sólo los niños ven el mundo de ese modo, aunque la legalidad del clan les interrumpa su continuo de felicidad cada cierto número de horas. La interrupción, rutinaria, excepcional o violenta, entra así a formar parte de su rosario de decepciones; aunque el continuo dichoso demora unos años en desgajarse y desintegrarse definitivamente. Ese continuo dichoso con sus respectivas interferencias, es, en efecto, la 4ª Sinfonía de Mahler. Es por eso que esa sinfonía sonó siempre muy bien en Viña del Mar. Una transfiguración poética de la existencia. Pedir a la naturaleza que entregue el secreto de su belleza a fin de trabajarlo con manos humanas. La perennidad del instante para una utopía personal y social, como la sensación de un haber llegado al fin sin saber cómo ni porqué, pues ante toda utopía se está siempre en camino. Es el paseo en *fiacre*, en el Prater de Viena o en la Avenida Libertad de Viña del Mar. Es la voz blanca de un niño en clase de música. La sinfonía "clásica" de Mahler inseparablemente asociada a una sociedad feliz, con señoras de largos vestidos, pecheras de encajes y peinados altos, y niños de una belleza principesca.

La Viena de Franz Josef hizo resonar algo en el valle de Marga Marga. Cuando algunos parientes de Mahler huyeron de la persecución nazi, una cierta frau Mahler, hermana del maestro, se refugió en Viña del Mar. Muy pocos supieron entonces que de esa familia se trataba precisamente. También el príncipe y la princesa de Starenberg, cuyo palacio se hallaba en la vecindad de la residencia de Anton Bruckner en Viena, se ubicaron en la casa del guardabosques del fundo Vergara. Por eso también tanto príncipe europeo solía pernoctar algunas semanas e incluso meses en Viña del Mar en los tiempos anteriores a mi nacimiento.

Fue un siglo de oro, de esos que infaltablemente dejan para la posteridad opulentas residencias y parques vacíos de personas y de voces, pero atestados de objetos lujosos que nadie se pudo llevar a mejor vida después de gastar aquí tan bellamente la vida.

Al fin sólo queda la ignorancia, el silencio, como una casa abandonada que sólo entonces supo de sí misma. Como ese espacio que dentro se abre en la extensión de lo vivido. Como ese aire claro que sostiene líneas, sostiene sombras y apariencia singular. Y venir a saberlo un día de súbita luz sobre páginas en blanco, por lo inesperado que se allega a devolvernos un aire respirado que no se alejó de nuestra vida. Como quien abre la ventana y de lo alto se ve viniendo al mismo sitio. Y es el jardín, el muro, el árbol, las paredes intactas de esa casa a la que soñando volvemos con la culpa, como si hubiésemos dado muerte a un niño, sin saber en verdad eso que vemos. Lámparas y ventanas de vieja claridad, el hilo conductor, la palabra que asimila nuestra vida a esa vida.

Y ahí están, como el encanto, los delineados personajes de estos desiertos episodios, como en el área monocrómica de una vieja fotografía tomada por una cámara de cajón, fuelle y placa de gran formato.

Yo viví en la vecindad de uno de esos palacios cuando sólo tenía diecio-cho años. Fue la quiebra de la familia y de la empresa familiar que lo cerró, cuando un príncipe europeo se fue quedando ahí embriagado por los aromas del parque y las luces altas de los cristales en las noches de fiesta. El derroche y la alegría hicieron el resto.

Yo estudiaba en esos tiempos el romanticismo europeo y tocaba en el piano la Fantasía de Do Mayor de Robert Schumann, y era mi obsesión ese palacio aletargado en su propio abandono con mucha enredadera trepadora, en el extremo poniente de un parque de varias hectáreas, en plena ciudad, con caballerizas clausuradas y coches roñosos que nadie hacía rodar, y en los que pasearon los jóvenes y doncellas de la familia en los días de sábado, dejando las huellas de sus ruedas en esas avenidas de fina tierrecilla que fue el paño de suelo de las calles y plazas de la Viña del Mar antigua.

Tengo el grabado original del "Arc de Triomphe" y "Place de L`Etoile" que apareció en la revista "Illustration Française" en 1860. El suelo no está pavimentado y los coches y caballos levantan polvo a su paso. Es lo que ocu-rría en la zona que hoy ocupa la Plaza Sucre, frente al club social en Viña del Mar, antes del palacio Subercaseaux, antes de la casona Álvarez Condarco, que perteneció después a don Fernando Couve. Hay una fotografía notable en la que se ve a don Fernando niño, de pantalón largo y sombrero de coliza, en esa área central de la ciudad sin las plazas Sucre ni Vergara, cuando en esos terrenos se realizaban carreras de caballos. Al fondo se divisa la antigua iglesia parroquial de estilo barroco republicano, después destruida por el terremoto de 1906. Y más atrás la espléndida frondosidad de la Quinta Vergara.

Lo que llamamos destino no está sometido a caprichos aleatorios. Se viven determinadas experiencias por una predisposición interior que las provoca desde un centro de determinación situado más allá de nuestras ideas e ilusiones. Es el otro que se alberga dentro de cada uno y que es más eso que somos que nosotros mismos. Por rasgos fundamentales de mi carácter es que fui situado en Viña del Mar. Eso involucra a los demás miembros de mi familia, aunque sobre eso no sabría qué decir.

Esta es una asamblea de empresarios y economistas. Todos son jóvenes y asisten a un congreso en el hotel "Conference Town" de Reñaca (5ª Región, Chile). Para la sesión final del congreso me han pedido que muestre ante ellos unas diapositivas que he realizado sobre viejas fotografías de Viña del Mar. Antes de mi presentación alguien proyecta un video de un cuarto de hora sobre el balneario actual y sus atractivos turísticos. Pienso que el contraste va a ser mayúsculo por decir lo menos, y desde ya me veo constituido como una voz en off, de esas que en la TV por cable explican un documental sobre la exhumación de la ciudad de Troya.

Pero antes de iniciar la proyección de las diapositivas hago una pausa calculadamente larga, miro a la asamblea. Los empresarios y economistas para esta sesión de clausura del congreso se han hecho acompañar de sus jóvenes esposas. Todos tienen buena presencia y apariencia saludable, como si la lógica de los negocios ejerciera sobre ellos un efecto vitalizador y tonificante.

Mi corta introducción comienza con una cita bíblica de mi propia invención. Y Dios plantó un jardín hermoso en el valle de Marga Marga y en él puso al hombre que había formado del barro de la tierra, y le dijo: "De todos los árboles que hay en este jardín puedes comer el fruto, pero no del que está en el centro del jardín, llamado árbol de la ciencia de la ganancia y de la pérdida, porque el día que comiereis de él, serás rico y construirás grandes edificios, pero este jardín que yo he plantado para ti habrá desaparecido para siempre".

El tono de la cita puede inducir a error, no era una profecía, era ya un hecho consumado.

2

DEL VER Y EL OÍR

Lo que al mirar no vieron nuestros ojos reaparece en el sueño. Hemos visto sin ver aquello que sin embargo penetró en la retina sin ser advertido. Pero el sueño recuerda. Es un registro inconsciente indefectible. El recuerdo después del sueño es una reacción de nuestra atención desviada. Vagamente reconocemos al que transgredió nuestra vigilancia.

Pero hay un ver sin luz y un oír sin sonido. La fuerza magnética de ciertos hombres. Los así llamados "grandes" tienen palabra, pero gravitan sobre los pequeños hombres por la consistencia de su cuerpo. Es algo como un peso específico que desborda los límites de la persona y tiene el poder de cambiar el ordenamiento de las cosas al solo influjo de su presencia. La mano del pueblo se alarga para tocarlo. Por eso Él, mostrando un trozo de pan dijo: "Este es mi cuerpo".

Energía condensada que sale de la absoluta oscuridad y del absoluto frío para delimitar un espacio, eso es un cuerpo, el signo tangible en que convergen las fuerzas latentes del vacío.

El vacío oscuro y frío no es espacio. Al espacio lo determina la ubicación de los cuerpos, unos respectos de otros. Pero el vacío sólo puede ser entendido por abstracción desde un cuerpo, y el espacio acotado por los cuerpos. Heidegger diría que los cuerpos son los entes y que el vacío oscuro y frío es el ser, aunque ignoro si el filósofo avalaría tal interpretación. Con todo, es el vacío el que les da el ser a los cuerpos.

En su poema "El tango del viudo" Pablo Neruda dice en un pasaje: "mis viejos zapatos vacíos para siempre". Se entiende que él lo dice recordando a su amante Josie Bliss, a quien acababa de abandonar, temiendo que ésta atentara contra su vida y a quien escribe esto en una carta que jamás envió. El vacío de los zapatos mencionados en ese verso es una ausencia de una magnitud infinita. El vacío cósmico con toda su infinitud parece no alcanzar a ser tan vacío como la ausencia del hombre cuyos pies no han de entrar nunca más en esos zapatos botados en esa alcoba, cuya atmósfera podemos olfatear y hasta pesar en su consistencia por tantos alientos y respiraciones ansiosas que la han cargado.

La casa está vacía. La ausencia de los objetos que en ella había y en ella urdían el texto de su espacio cotidiano, han sido sustraídos. El vacío humano, la ausencia, el espacio que otro tiempo del todo diferente integra en su acaecer, todo eso puede sentirse en un breve instante como infinito. Lo que jamás va a suceder o volver a suceder. La vida ordinaria, por muy ordinaria que sea, está hecha de esos jamases. Su banalidad flota en un gran jamás que es tan vasto como el todo.

Miramos el vacío oscuro y frío desde una plataforma terrestre firme. Está acotado por cuerpos que brillan, pero más numerosos son los que sólo pesan en las sombras. El sonido es al silencio lo que los cuerpos celestes brillando en la oscuridad son a esa misma oscuridad.

Lo que ha sido llamado el "aura" puede ser llamado el "plus" de la imagen. La presencia es la suma de la imagen corporal y el aura.

Hay un aura visible y un aura invisible.

En el tratado chino "El secreto de la flor de oro" el maestro Lü Dsu emplea la expresión "luz del oído" para referirse al estado en que entra el meditante en referencia a la audición involuntaria. Con la expresión "luz del oído" se alude a la capacidad del hombre en meditación de establecerse en el silencio inalterable que sostiene el complejo sonoro constante que segrega el mundo de los hombres. El corazón oye entonces que en sí no contiene ningún sonido.

El aura visible de los cuerpos es la forma más elemental del plus de la imagen. El aura completa es más que eso. Los que por especial gracia vieron el aura completa del Maestro temieron y cubrieron su rostro con su manto, por eso de que "nadie puede verme y vivir".

El aura visible de la tierra es una capa brillante de aire iluminada desde arriba y desde abajo. Pero la Tierra extiende su aura muchos millares más allá de su aura visible.

El aura del paisaje se acrecienta según la energía que la tierra irradia en diferentes regiones o polos de tensión espiritual. Los mapuches de Chile llaman "nehuén" a ese espíritu que se posesiona de la tierra y los cuerpos y que acoge a nuestro espíritu. El hombre que percibe el nehuén es porque ya posee el nehuén en su propio cuerpo.

Como la palabra de poder que anuncia el hombre santo; como la fuerza de su danza y de su canto es el nehuén de la tierra en los lugares que los hombres reconocen como sagrados.

Carlomagno llevado por la intención de espantar de Europa a las divinidades paganas en retirada, ordenó desmantelar todas las construcciones megalíticas, donde emergía el espíritu de la tierra.

Las ciudades amuralladas del medioevo se defendían tanto del enemigo humano como de los dioses nativos a quienes se suponía debían ser necesariamente enemigos del Mesías, los cuales aún se refugiaban en los bosques, montañas y otros lugares apartados del burgo cristiano. Así la Iglesia, por la lógica de su argumentación defensiva perdió el espíritu de la tierra, y dio su aval irrestricto a la empresa civilizadora, en la seguridad de que el espíritu de Cristo se preservaría intacto protegido por los muros fortificados del burgo.

La visión y la audición ordinarias están muy próximas a la ceguera y a la sordera, tanto más si son distorsionadas por el deseo de que lo visto y oído aparezca como lo que se espera que sea. No obstante el ver y el oír son artes que pueden aprenderse. Cuando se llega a ver realmente uno entiende que los sentidos no son lo que la ascética monástica enseña al respecto. Son puertas y ventanas abiertas al infinito. (El Tao es más amplio que la mente de Buda y que el cielo al que pretenden llegar los que mediante el sufrimiento autoinfligido creen ganar mérito para entrar en él).

En la 9ª Sinfonía de Beethoven hay un pasaje puramente orquestal que separa la exposición del primero y del segundo tema de la parte coral del cuarto movimiento. Es un allegro fugado en el que el maestro de Bonn concentró todo el arrebato de su anhelo de infinitud. Su comprensión, sin embargo, parece vedada a la mayor parte de los señores y señoras que concentran su inexpresiva mirada en el escenario del concierto. En la 9ª Sinfonía de Mahler la polifonía temática y timbrística sitúa el resplandor de sus bloques sonoros en sucesivas y simultáneas apariciones hasta la heroica metamorfosis de las expresiones del desvalimiento que se arrastran desde la primera sinfonía. Es el logro supremo de una vida de muy desigual combate contra el mundo, que se alza de la humillación a la gloria. Gloria que sin embargo ni el mismo Bruno Walter fue capaz de medir en toda su magnitud.

Uno sabe de colores sin mayor ciencia, porque los ve en estado puro y simple en la reproducción artificial o la muestra. Ese entendimiento visual no es aplicable al paisaje. El color en el paisaje no tiene nada que ver con los colores. Los diferentes tonos visuales del paisaje son a los así llamados colores como el objeto real es al concepto que hace abstracción de él. El paisaje tiende, por una gama de tonos esfumados y una gradual variación, a la monocromía. Lo que podría ser color preciso y distinto tiende a fundirse en un tono global terroso.

Sólo la pintura china ha sabido captar la verdadera calidad cromática del paisaje. Ello deriva de la comprensión de su ley interna. Convengamos que un occidental como Peter Brueghel, y sólo por su posición de disidente frente a la ideología renacentista, también tuvo acceso a esa comprensión.

La comprensión de esa ley no es el fruto de una cultura de hombres que se imponen a la naturaleza. Esa ley nada tiene que ver con capiteles, arquitrabes y partenones. Es el punto más alto de la copa del árbol de una cultura que, como la de China, practicó una política y una ética que buscaban adecuarse al Tao, esto es, el gran sentido del mundo.

El color es una propiedad de las cosas que se activa en el impacto de la luz solar. Es el tono del espectro que la cosa iluminada devuelve al ojo humano. Por el color se establece la presencia del objeto que, por esto, deviene un existente en el ámbito de la luz, esto es, en el ámbito de los seres dotados de visión.

La visión es una dimensión de la existencia, entre todas, la más importante. Por eso la conciencia de lo verdadero ha sido homologada a la luz y la comprensión del sentido, al acto de ver.

El caballero que se hace digno de su dama asciende hacia la altura donde ella lo espera por una escala de cinco peldaños que simbolizan el gusto, el olfato, el tacto, el oído y la vista. La purificación de los cuatro primeros otorga el derecho de ver a la dama, esto es, de conocerla en el sentido bíblico de la palabra.

Hay un plus mental en la visión que confunde el acto de ver con la cosa vista. De hecho sólo vemos lo que el ojo es capaz de estampar en la retina. Pero algo que es creído y previsto precede a la visión y la prolonga hacia los campos interiores. Pero luego se desvanece lo creído y se desgaja de lo visto y el tiempo hace lo demás hasta la decepción o la sorpresa.

Lo mismo ocurre con el oído y con el amor.

Uno oye más lo que cree oír que lo que realmente oye. Se dice esto en referencia a una partitura musical, la cual resulta ser siempre diferente a la audición de la obra. La obra tiene por eso un destino que no se compadece con la partitura. El director enseña, interpreta, y hace ejecutar la partitura que está ante sus ojos. Los miembros de la orquesta siguen su conducción, pero el destinatario, sumido en su butaca cree oír lo que es Beethoven, pero Beethoven está sordo.

El acto de escribir la sinfonía es numinoso, pero el acto de escucharla es casi puramente fenoménico. Se carece de una musicosofía para perforar el muro que nos separa de la verdadera intención del compositor. Tanta altura como le sea posible alcanzar al hombre en una revelación sonora, para un destino social tan chato. Escribir la línea melódica para el profesional del violín o la trompeta, y suma y sigue así con el empresario de conciertos, la publicidad y el éxito de público o el fiasco, los aplausos y el juicio de la crítica, esto es, el periodismo especializado y la desfachatez. Sólo diez personas permanecieron en sus asientos en el concierto de estreno de la tercera sinfonía de Bruckner. Chopin fue más sabio: sacrificó toda la armazón social y administrativa de la música para quedarse solo con su piano. Sólo ofreció treinta recitales públicos en su vida. Su arte se gestó siempre en la intimidad. Improvisó maravillas hasta el infinito. Fue más arte-vida que arte-objeto.

Uno ama con un plus de visión, de audición, de ilusión. Pero el tiempo hace su obra hasta la decepción o la sorpresa.

Toda voz, todo sonido, tiene un trasfondo de silencio. El silencio no se quiebra con un grito o un estampido; el silencio es confirmado por el sonido. Eso no puede ocurrir en el espacio circunscrito de una sala o bajo una bóveda o en la calle, eso ocurre sólo en la inmensidad del paisaje. Debe ser un suceso natural que integra el sonido y lo engulle en su vastedad. El silencio es el vacío del eterno presente. El viento recoge la vastedad del silencio sin que éste deje de ser lo que es. Se lo puede oír sólo con lo que se llama "luz del oído". El mudo e imperturbable espacio que contiene rumores de viento y cantos de pájaros.

Recibe en su rostro el empuje del viento. Sus oídos oyen esa voz de procedencia desconocida. Su espíritu está limpio de todo lo que es causa de dolor. En ese continente se sostiene la percepción justa del silencio contenido. Ese silencio arrullado por las persistentes oleadas que rompen la quietud de su audición.

Más allá de la celeste claridad superior nada se oye, pero el aire impregnado de luz terrena que brilla en su lejana órbita, conserva, no obstante, su trasfondo de silenciosa oscuridad. El cielo estratosférico es morado oscuro. La algarabía de nuestras ciudades se desvanece y se hace nada al fin en las manchas terrosas de un mapa aerostático; sólo queda la vibración inaudible de un mundo que por misericordia puede aún disponer de un espacio de luz para deslumbrar nuestros ojos y ocultar su vergüenza tras un resplandor azul.

La luz reflejada en su tenue frontera superior es la última vibración que nos separa del eterno ámbito sin fronteras del frío y la oscuridad.

La noche que aquieta el rumor y el movimiento de los vivos es una réplica a escala humana de la oscuridad primigenia que engendró en su trama gélida la luz y el movimiento en un abrir de ojos para siempre.

El aire de nuestras respiraciones la sostiene como en la mínima claridad que los rayos tangentes de la luz solar permiten. No hay para el hombre noche total y absoluta. Tal sería la así llamada noche de Brahmán. Pero una tal noche sólo Brahmán la puede habitar. Por eso el hombre no puede ni debe salir de su biósfera. Lo hace empujado por la banalidad de un sistema de valores de su propia invención, conforme al modelo inaugurado por el primer observador del firmamento a escala extraterrena, esto es, Galileo Galilei, y así es llevado hacia la sagrada oscuridad y el frío originarios por una vana agitación in vitro.

3

DE LOS RITOS

En un momento de su largo peregrinaje ocurre que el homo sapiens inventó los ritos. Rió y lloró al fulgor de la primera llama. Hizo señales de humo. Aprendió en sueños el código de los signos y de los gestos. Hizo sonar palmas, conchas, cañas. Emitió voces de un modo no acostumbrado. Ejecutó movimientos de brazos y pies.

El hermano mayor de las bestias y las aves.

De su cuerpo elástico y veloz salió su danza mimética. Agazapado en la foresta capturó el alma del animal y lo alcanzó en la línea de su carrera. Comió su carne en el círculo ceremonial y absorbió su virtud.

De esa selva, de esa sabana dilatada, surgió la conducta insólita del hombre sagrado que generó el rito. Con él vino la emisión sonora que polariza el espacio invisible y los tonos enlazados del canto, en la caverna o el círculo de piedra o la empalizada.

Los animales tienen también sus liturgias. Son juegos expresivos de esos seres vivos dotados para la marcha, la carrera y el vuelo. Son procesos que desbordan hacia el juego y la belleza lo que el pensamiento podría concebir sólo como función. Así los seres vivos cumplen su función con arte. Hay danzas amorosas, formas rítmicas y elípticas de hacer algo que en sí es simple.

Pero las liturgias naturales se realizan en la liturgia inmóvil de la tierra.

Mediante unos actos diferentes el hombre accede a lo diferente. Su llave maestra es la palabra de poder; el sonido articulado que difunde su propósito en el espacio circundante. La comunidad oye y penetra toda entera en lo impenetrable mediante la danza y el canto responsorial. Las manos que preparan la merienda son prolongaciones de ese prodigio.

El comportamiento ritual tiene su duración propia. Es el tiempo que dura la abolición del tiempo. Es el primordial comienzo que impone el hito inicial en la larga huella de los siglos.

Cuando el hombre clásico salía del ámbito del rito en la celebración de sus misterios, al término del ceremonial era lanzado a la calle como un bulto. Volvía a sus quehaceres y nada de lo que veía u oía le recordaba el trance colectivo que hizo de él algo más que un hombre. Aunque todo estaba y estuvo siempre lleno de dioses, las calles estaban desiertas de hombres.

Los dioses enseñaron los ritos y el lenguaje. También enseñaron el diseño de imágenes. Pero los dioses clásicos al fin ya no se reconocían en un arte tan realista. No son ellos como los humanos para ser vistos como cuerpos que exhiben su apostura de frente y de espalda a la luz del día. Era la vanagloria del hombre de mármol, no su gloria.

Los ritos son movimientos visibles orientados al misterio de lo invisible. Son propios de los seres vivos. La inmovilidad de las montañas y llanuras, la estatura de los árboles, son su soporte. Hablo de ese silencio que contiene el trueno, el vómito humoso de los volcanes, el soplo de los vientos, las resquebrajaduras de las rocas, los rugidos y cantos en los bajos y en el aire.

El hombre complementa el déficit de su virtud tomando en la danza el ritmo de esa actividad. La tierra es la base de la humildad que requiere la curación de sus heridas. Danzando pasa de la actividad al no obrar que restablece su salud.

La folklorista chilena Margot Loyola tuvo cáncer y se sanó bailando.

El enfrentamiento crudo y directo con la virtud del vacío se elude mediante el juego ritual. En el rito es el juego que se asocia al sentido; se hace expresión. El hombre se mueve y suena como el universo.

Confucio sostiene que el rito es la conducta humana transformada en obra de arte. Algo juega en los hombres y con los hombres, eludiendo el enfrentamiento directo del sentido. Por eso elaboramos nuestros juegos solemnes que atemperan la solemnidad glacial y oscura del sentido.

"Yo soy" es la clave sagrada que adecúa nuestro corazón con el eje del firmamento. Pero muy pocos son los que nacieron con la convicción requerida. (La virtud del vacío, esa que hace surgir formaciones moleculares donde no las había).

Así, algo que es propio del obrar humano penetra allí donde nada humano podría subsistir. El profeta Moisés hablaba con el ser. En un insólito momento le pidió ver su rostro, pues quien puede revelar su nombre, podría también darse a conocer como un rostro que proyecta su mirada en otro rostro. Pero sólo obtuvo por respuesta la frase siguiente: "No es posible verme y vivir".

El rito es la forma suprema del juego.

Pero la plenitud alcanzada por los que asistían al ceremonial de los misterios griegos, los grandes rituales del templo de Salomón y las liturgias de la iglesia de Occidente, cuando fueron quedando atrás esos ceremoniales o perdiendo su virtud originaria, fue la música la que pretendió ocupar su lugar. Mucho sonido organizado, timbres, ritmos y voces. "Para el maestro de coros" dice una nota que acompaña a muchos capítulos del salterio.

Una sinfonía sacra para varios coros instrumentalesy vocales de Giovanni Gabrieli en la basílica de San Marcos de Venecia, deja en evidencia el anhelo de colmar todo el espacio. Es una música que no canta al ser sino que busca substituir al ser. El excesivo aparato de la liturgia traiciona el espíritu de la liturgia originaria de la que derivan todas las liturgias. Es la gloria humana que se interpone entre el cielo y la tierra con el pretexto de dar gloria a Dios.

Hubo un hombre tomado por el espíritu que lo glorificaba saltando y orando en las calles céntricas de Santiago. Algunos dicen que lo llamaba el "Pulento". Cuando yo lo conocí lo llamaba simplemente Dios. En un concurso que organizó el diario El Mercurio para elegir y proclamar al hombre más inteligente de Chile, el suscrito, que participó en el concurso, votó por él. Los que sacaron más alta votación en aquel entonces fueron el "presidente" Augusto Pinochet, y Monseñor Medina.

La misa solemne del patriarca de Venecia en el siglo XVI, cualitativamente no difiere, por su inconfesada intención, de un rito a la divinidad tutelar de la ciudad, hablando en términos paganos. Es a la gloria de la república de Venecia y al dios de su comercio marítimo que se canta una polifonía a nueve voces reales con la pujanza de los bronces y los órganos desde todos los balcones interiores de la basílica veneziana. La pérdida del sentido procura remediarse con la inmaterialidad del sonido. Pero glorificado al extremo como obra magistral de un gremio de profesionales de la música, ese sonido deja de ser tal para volverse fresco o mosaico, esto es, muro que opone resistencia.

El catolicismo del siglo XIX es la forma más degradada de la religión romana. En su fase inicial tiene una cierta complicidad con lo que después se llamará la Belle Epoque, quiero decir, su imaginería de pinturas, esculturas, estampas, textos, etc. Pero la Belle Epoque con sus exposiciones universales practicó sus propios ritos mundanos. La pérdida del sentido fue embellecida con órdenes clásicos para disimular la amenazante dentadura metálica en bruto que ya hacía su aparición en construcciones de vidrio y acero. Se perdió la expresión del sentido y nació un tipo de literatura que podría llamarse del monólogo interior, a la manera de Proust. Él sintetizó en un continuo verbal infinito el acontecer ocioso del juego de vivir en sociedad. Pero el valor de su obra redime y justifica esa ociosidad.

La octava sinfonía de Mahler y el Te Deum de Bruckner son contribuciones espurias a la ortodoxia católica del imperio austro-húngaro. Son obras de texto religioso y por eso las menos religiosas entre todas sus obras. Las sinfonías de ambos maestros que convencionalmente son clasificadas en la categoría de música profana, son sus obras realmente religiosas.

El animismo es un hecho que se nos revela involuntariamente. Una montaña no tiene corazón humano pero ama, acoge o rechaza. No es éste un tema para científicos; es un tema para ser conversado en torno a un fuego bajo el cielo estrellado. El hecho mismo revelado, aparecido, nos ocurre porque nos situamos sin buscarlo conscientemente en el espacio del corazón en que las cosas demuestran tener un alma. Se trata de algo acontecido, no de una proposición que debe ser probada, o refutada. El que refuta lo hace sobre la base de una idea que él da por aprobada. El antropólogo da por aprobado que las cosas no tienen alma. Vive en un mundo de cosas inanimadas, pero su memoria genética es la causa de que él se complazca en el estudio del alma de las cosas. Es la parte no científica de su ciencia, justamente aquella que él nunca incluirá en su investigación. De llegar a hacerlo tendría que buscarse una mujer diferente a su esposa. Toda la ciencia moderna se sitúa en un "topos" inanimado. Cosas a las que les está prohibido cruzar la frontera de su estricta organización molecular. De ahí surge la noción de "recurso natural". Mediante esta palabra de poder se da muerte a los seres vivos y a los que parecen no serlo, pero que sí lo son, puesto que la escalada del progreso arremete contra ellos. La repetición del concepto a escala mundial, de palabra o por escrito, hace desaparecer especies enteras de aves, peces, mamíferos y vegetales. Lo que se busca oscuramente a plena luz del día es una forma de muerte que podría llamarse el yermo del intelecto (lo que Spengler llama la "calva inteligencia"). El "tanathos" de los expertos, lo que subyace a la manera de un vacío de humanidad en todo proyecto de crecimiento.

El filósofo francés Jean Beaudrillard, en una clase magistral dictada en Santiago de Chile, sostuvo que oponerse a la extinción de especies animales y vegetales era oponerse a la lógica de la vida, porque la vida incluye la muerte. Se le respondió por el diario El Mercurio que en su afirmación él no parece distinguir entre muerte natural y suicidio, pero el filósofo había abandonado el país. Con todo, esta afirmación de Beaudrillard dejó muy contentos a los empresarios chilenos que lo invitaron.

Cuando le preguntaron a Laurence de Arabia porqué él amaba el desierto, respondió: "porque es limpio". Esa es la diferencia que separa al desierto natural del desierto de la inteligencia. Produce éste superficies relucientes, opacas o transparentes, pero disemina su basural desde el cielo medio hasta los abismos marinos.

4

DEL PAISAJE

El pintor paisajista compone su paisaje. No hablo del pintor naturalista que se instala frente al paisaje ya compuesto desde siempre y lo copia o lo proyecta en su cámara oscura para delinearlo al grafito. Hablo del pintor que mira y ve lo que debe verse y no lo que se cree ver por la geometría del ojo. Hablo del pintor que crea su propio paisaje. No tiene él una intención determinada de hacerlo, como tal, es sólo la proyección de una necesidad. Es un testimonio: el de haber visto, sin ver, tras las apariencias. Es la ley interna de los montes, los árboles y los ríos. Para eso se necesita de una tinta no de un aceite. Un diseño que delimita sobre papel las áreas de la visión, porque lo que se busca realizar es un ícono, no una reproducción enmarcada.

El ícono no reproduce, revela. Es una breve claridad después de la lluvia, o un viaje por montes y torrentes (Fan Kuan), o es el erudito en su cabaña, al borde del precipicio. La diafanidad de un mundo "otro" visto desde el corazón, a dos dedos de distancia del eje del pecho, donde la mente mora en su fuente.

Hay una sabiduría del ojo y una sabiduría del corazón. Los pintores europeos rara vez fueron en su visión más allá de sus ojos. Velásquez y Rubens, Tintorero y Leonardo, eran dueños de la realidad. Una convicción claramente formulable en palabras los movía a hacer lo que hacían. Desde entonces comienza la violación de la tierra. Los estudios naturalistas de Leonardo avanzan hacia la mecánica de Newton, y la mecánica de Newton avanza hacia el orden mundial globalizado mediante la economía y la tecnología. Pero el pintor chino de la era Song no pretende adueñarse de lo real, sólo busca adecuar su persona y su arte a la realidad para que su paisaje participe de ella aunque lo representado no sea representación de nada que pueda verse realmente como él lo muestra.

Que el paisaje pintado sea tan real como el paisaje real no significa en la era Song lo mismo que en la Europa del siglo XVI. En Florencia nació la cultura del hombre único que se asocia a otros tan únicos como él para medir el mundo a su medida. Es la complicidad de los hombres que roban a la prodigalidad de Dios el sólo atributo de su poder. Del ejercicio profano de ese poder surge la ceguera de lo que se cree ver y no es.

34

La belleza que puede ser llamada tal no es la belleza real. El nombre que se le puede dar no es su verdadero nombre. Con nombre es tema del filósofo y ley del artista. Sin nombre es la faz inabarcable de la tierra y el cielo. Desde el siglo XVI la belleza, nuestra belleza, ha sido un animal silvestre en cautividad; ha sido una rosa sin su rosal, ha sido un rostro sin su cuerpo. Se discurre sobre ella; se fundan talleres para su elaboración; se formulan las medidas y las apariencias canónicas de lo bello. Nuestra belleza, como tal, es un invento. Así y todo ha llegado a gozar del status de "trascendental" de la cultura humana.

Ocurre que de tanto crear la belleza hemos arruinado su belleza. Fue la misma intención de crearla lo que en sí traía el virus de su descomposición. Tal fue el aporte del así llamado Renacimiento.

Considérese la Gioconda de Leonardo da Vinci.

Una mujer relativamente joven, algo gruesa en cuyo rostro parece esbozarse una sonrisa. Debiendo estar bajo techo a la luz de su ventana o de sus bujías, en su silla de brazos, más cómoda que la ordinaria, campea en su reposado continente sobreimponiéndose a un desolado paisaje de riscos de apariencia lúgubre y temible. El contraste es impresionante.

En este artificioso modelo, Leonardo esta vez destacó más el contexto de sus laterales lejanías. En otros cuadros es el toque marginal obligado para mantener a raya el misterio que se extiende más allá de los muros fortificados del burgo. En la Gioconda esas lejanías se han aproximado peligrosamente a nuestros ojos. Se diría que el hombre se excedió como queriendo alcanzar el misterio de los orígenes. Pero no… La sonrisa puede ser tal, si se quiere, pero no cuadra con el enigma que se ha querido ver en ella. El hecho es que las misteriosas lejanías que podrían desafiar el orden establecido con su magia ancestral, han sido sutilmente domesticadas por la ingeniería. Esa es su victoria, la de Leonardo, y la de todos los que habían de creer en las máquinas por él concebidas. Y debemos aprender a verlo, aunque para ello se necesite de cierta información. Toda gran obra de arte trae anexo un libreto explicativo. Es la caja negra de la obra. (Algunos podrían creer que el aparato cayó porque fue abducido en el misterioso "triángulo de las bermudas", pero el eventual hallazgo de la caja nos pondría al corriente de cosas más banales). Uno podría creer que Leonardo quiere glorificar la mística soledad de esos parajes montañosos otrora habitados por dioses, cucos de cordillera y viudas enlutadas que gritan en el vacío, tanto como la elegancia y cultura de la sociedad florentina, en una especie de concordato del don natural y el ingenio civilizado. La verdad es que el propio Leonardo es quien sonríe tras el continente imperturbable de su "anima gioconda", anunciando al mundo el progreso por la ciencia y la tecnología. Son estudios topográficos y geológicos los que se esconden tras esa mujer. No la virtud sino la ciencia de las rocas. No el torrente invadeable sino el puente, la red caminera, los canales y acueductos del río Arno, implementados para sustraerse al peligro de grandes lagos en altura.

Leonardo nos sorprende con su osadía, pero nos consuela asegurándonos que por esa vía viajaremos algún día a las estrellas.

Pero volvamos otra vez la vista al personaje. Una mujer opulenta, no al parecer de estirpe noble, hija mimada de una familia de prestamistas que supieron hacer suyos los modales que distinguen a los caballeros, anunciando desde ya lo que será ese imperio reformado del norte que convertirá la lógica financiera y las aventuras de la industria en teología práctica. Porque los florentinos prestaron al rey inglés Harry Plantagenet los florines necesarios para reclutar un ejército de caballeros y una jauría de villanos entrenados en el arte de la arquería y de la pica. Tal fue la condición que aseguraría a Harry la victoria de Azincourt sobre los caballeros franceses, incapaces de tales bajezas, e inocentes aún de lo que esos comerciantes ennoblecidos le estaban preparando al mundo. Fue una transferencia que la mafia italiana hizo a la raza anglosajona. Eduardo y Enrique de Inglaterra eran pérfidos personajes, pero su brutalidad era tribal aún; faltaba la ideología política y monetaria de los florentinos para civilizar su estirpe y volverla más finamente pérfida aún.

No es una simple coincidencia que en pleno siglo XX una mafia de habla italiana haya estado enquistada por cien años en un país de raza anglosajona.

¿Qué forma tiene una montaña, un bosque, un río, una llanura? La que resulta para el ojo del hombre desde el lugar donde se los mira. No hay una mirada absoluta que nos revele la forma completa de nada. El paisaje es un organismo visual. Su textura se trama en las células de nuestro campo luminoso. Es el tejido del mundo que quedó en nuestra silvestre memoria, como el encuentro con una presencia envolvente que nos renace en la humildad. No se impone uno al paisaje por respeto a la verdad.

Son los hombres de ojos rasgados del extremo oriente los que más han sabido de la naturaleza. Sus parques fueron las más fieles réplicas del orden natural. Eran cotos de caza para los fornidos soberanos de Yin y de Tchou. Una semana demoraba su travesía al galope de un caballo.

El parque del castillo de Chambord del rey Francisco I de Valois era también una reserva natural de cacería. Era enorme, pero plano y tosco. Era un parque utilitario. Hombre del renacimiento, que intimó con ingenieros y tecnócratas como Leonardo, este Francisco de Valois, este "francorum rex" estaba incapacitado para auscultar el silencio del bosque.

Los méritos del monarca en cuestión: el hombre más fuerte de su época; el príncipe de aspecto más distinguido de la sociedad europea; el haber vencido a Enrique VIII, rey de Inglaterra, en la lucha romana cuerpo a cuerpo; el practicar con especial gracia y elegancia el deporte de la guerra; el haberse curado de la sífilis por el vigor de su cuerpo; el haber faltado a su palabra para engañar la solemne bobería de Carlos V de España. Con todo, no son esos méritos lo que lo hacen digno del apodo con que ha pasado a la historia, esto es, el "rey caballero". Un caballero, un real caballero, es otra cosa.

Los parques naturales son reservas de paz para que el avance del desierto del espíritu no sea tan evidente. Empezaron a fines del siglo XVIII. Hay uno en Francia al que protege sólo un decreto de Luis XV que lo declara inalterable por la intromisión de la mano del hombre hasta hoy y siempre. Los parques urbanos del siglo XIX son fantasmas de la vegetación. Se sustentan en la memoria de nuestra bienaventuranza original, sumergida hoy al nivel del magma planetario.

Los bosques de Viena, los parques de Londres y el Bois de Bologne de París, por lo que intentan conservar y por lo que intentan evitar son sólo muestras de invernadero.

La ignorancia es lo natural. La secreta dignidad de la incultura. Ignorando eso que somos conscientes de saber ahora, podríamos formarnos una idea de lo que debería ser la pureza de nuestro corazón. Por eso el poeta identificó la poesía con el pueblo. No lo hizo por orden del partido, sino para beneficiar al partido; para atemperar, por lo menos en este pobre país, la esterilidad espiritual que es inherente a toda ideología.

Digo esto de este modo para pasar más allá de la frontera que nos separa de nuestros pueblos originarios, y eso a propósito de los parques.

Ellos no se lo propusieron; les resultó así como si así fuera. Eso de habitar un lugar "amenísimo", inscrito, no obstante, entre deslindes bastante precisos, e incluso convenidos. Cordillera, océano, desierto, archipiélagos, frontera acordada con el invasor.

Las huellas de mis pasos quedaron en la arena; pasos lentos y lenta respiración de alguien que auscultaba la lejanía. Al fondo la cordillera nevada, y entre ella y su contraimagen en el espejo del lago, la selva de araucarias. La textura de un mundo que se trama en las células de mi propio campo luminoso. Soy yo quien concurre a la cita.

Los españoles tenían mucho que defender al resistir el constante embate de las huestes islámicas. Los islámicos, en su concepto, tenían muchas cosas que enseñar a los bárbaros de Europa, entre ellas, la poesía de amor, la jardinería y la música de cámara. Pero ellos, la así llamada "gente de la tierra", en el concepto de los hombres ilustrados que se dedicaron a estudiarlos ¿Qué tenían que defender? ¿Porqué resistieron tan pertinazmente durante cuatro siglos (y no tres) a los guzmanes de su majestad católica?

Tenemos aquí un jardín cerrado entre montes, arenas y glaciares; entre lo propio y la frontera acordada con el invasor europeo. Tenemos un lugar habitado por agrupaciones familiares y gobiernos locales de hombres fuertes y sabios; tenemos una lengua de cuatro mil palabras, todas sagradas; tenemos una nación que se caracteriza por su sabio y prudente modo de habitar la tierra y no por la centralización del poder. Tenemos hombres que se reconocen como propiedad del dueño de los hombres (Nguenechén). Un lugar donde todo parece ser definitivo, y donde nada está por hacer.

Los conquistadores dicen en sus crónicas: "No hay nada que tanto aborrezcan como el ser sacados de su territorio". No es una tierra prometida a sus padres sino dada antes de toda desgracia y quebranto. Se trata de un lugar del que no se debe salir, en oposición a la idea de pueblo de la alianza o Iglesia, esto es, los llamados a salir, los llamados de la tierra de Egipto o de cualquiera otra en que se hallen cautivos.

Los poetas hablan.

Enrique Lihn dice: "Nunca salí del horroroso Chile". Armando Uribe, replica: "Vivo en un país macabro". Nicanor Parra por su parte declara: "En Chile, las horas pesan, los días pasan, los meses corren, y los años vuelan". Finalmente, Pablo Neruda denuncia: "El ser como el maíz se desgranaba en el inacabable granero de los hechos perdidos, de los acontecimientos miserables, del uno, al siete, al ocho".

Lo que corresponde es interrogar a los más ancianos de nuestros pueblos originarios sobre el significado de esta tragedia, porque las alianzas y concertaciones que nos gobiernan parecen ignorarlo. Quizás los mapuches responderían que al dueño de los hombres (Nguenechén), un rival que no ama a los hombres le arrebató el derecho de protección que tenía sobre ellos.

El hombre instituyó los nombres e inauguró la diversidad espacial y funcional del mundo para habitarlo. Pero la gente del extremo oriente no se fió nunca del real valor de los nombres instituidos aunque fueran voces ancestrales proferidas con autoridad. Siempre supo el hombre de ojos rasgados que la palabra determina y construye, pero también rompe y desarticula. Babel es el mito de la desarticulación de la familia humana por la palabra.

El alfabeto hebreo y el idioma que en él se sustenta ha sido el más alto intento de sacralizar la palabra. La cultura hebrea ha sido la única entre todas que ha sido sólo una cultura de la palabra.

El Talmud dice que Moisés pudo levantar las pesadas tablas de la ley talladas en piedra, porque estaban escritas con letras vivas, y todo cuerpo vivo posee una vibración que le resta parte de su gravedad. Por eso cuando el pueblo pecó adorando al becerro de oro durante la ausencia del profeta en el monte Sinaí, éste, que en esos momentos descendía del monte, quebró las tablas, porque sus letras vivas volaron de nuevo a la morada de Iahvéh-Elohim. Sólo quedaron piedras entre sus brazos, el cuerpo muerto de la ley que sus manos no tuvieron la fuerza de retener.

Contemplar la tierra de nadie y experimentar en ella el trance de la identificación es un acontecimiento referido a los trabajos de Iahvéh-Elohim anteriores a lo que podemos llamar el "amargo despertar". "Y vio Dios que era bueno". Con eso basta para justificar esa peculiar forma de paganismo. Confucio refiriéndose a los sabios en retiro, dijo que él no podía convivir con bestias y pájaros, y lo dijo ciñendo su traje talar como el erudito que los pintores taoístas suelen dejar en mala postura situándolo así vestido de etiqueta frente a un lago entre sauces, contemplando las azules lejanías. Es la añoranza del civilizado cuyo pacto con el lenguaje lo retiene en su magia constructiva borrando su memoria ancestral.

Los australianos originarios del continente llaman "época del sueño" a los tiempos en que los hombres dormían sin sueños, porque el sueño era la realidad misma. Eso tiene en la ciencia de hoy una explicación que podría parecer aceptable. En la época a que se refieren los australianos funcionaban equitativamente los dos hemisferios cerebrales. No es que los ancestros de los australianos soñaran y razonaran simultáneamente. No, su razonar, sin dejar de serlo, venía revestido de todas las características del sueño. Dibujaban figuras extraídas de patrones formales visibles, pero como si las miraran a través de rayos que les permitiesen ver el anverso y el reverso. Pintaban con tinturas vegetales indelebles sobre grandes superficies rocosas lisas, figuras con un vigor y una dinámica tales, que sus formas se imponen como presencias a las que el artista puede llegar sólo después de despojarse de todo artificio y vanidad. Los pintores taoístas de China, con su inevitable refinamiento Tang y Song, no soñaron jamás que un primitivo más próximo que ellos al "sapiens" arcaico, podía aventajarlos en un arte del que se creyeron los maestros insuperables del mundo. Tal es la distancia que va de la roca a la seda.

El Mahatma Gandhi escribió un libro hermoso que él llamó "Mis experiencias con la verdad". La verdad para él se situaba antes del miedo, antes del amargo despertar. La siguiente frase suya lo pone de manifiesto: "Cuando será el día en que el sol sea nuestro único cocinero". Gandhi al recrear la verdad, recreó la función, y al recrear la función, recreó la belleza, la del compromiso. Pero si hubiese consultado el oráculo de las varas de milenrama le habría salido entre otros, el hexagrama N° 22 llamado "La Gracia". Ese hexagrama, obtenido por Confucio en el siglo VI antes de Cristo, causó en él desconcierto e inquietud. El oráculo le aconsejó recortar con esmero su barbilla. Y eso, a un hombre de virtud y prudencia le pareció poco menos que una burla. Y en verdad fue una burla. A veces la seriedad de los hombres no es todo lo seria que el cielo exige para tomarla en serio, por eso es que el sabio que se toma muy en serio a sí mismo sin saber si el cielo aprueba su complacencia, merece una amonestación. Gandhi fue un héroe, pero no tenía barbilla que recortar. Hoy la hermosa India de otros siglos, en muchas regiones exhibe mucha fealdad, mucha suciedad, mucha injusticia. Así se ha ido desvaneciendo la presencia del que antes fuera el muy amado Bapu.

5

DE LA MAGIA

La historia está llena de magia. Antes se sabía, porque la vida estaba impregnada de eso. Hoy la magia fue abolida por una malla de conceptos, expulsada del pensar por un pensamiento que piensa al hombre y le ordena ser como debe ser, esto es, un ser pensante. Hoy no hay más magia que la de realizar un proyecto. El presupuesto es la plantilla del rito y el rito mismo. Para su ejecución la realidad no debe ser entendida sino representada según las exigencias fácticas de conceptos previamente establecidos. Eso que llamamos prodigio hoy simplemente no ha lugar. Hoy no podría haber un niño Mozart ni un Buda. El espacio que antes separaba la operación de su materialización la llenó el cálculo y el esfuerzo, el bulldozer y la grúa. Con todo, hoy no se dispone de la tecnología necesaria para construir la Pirámide de Keops, ni la Muralla China. Notad eso.

Pero la magia está ahí, en el subsuelo de nuestro mundo conceptual. Sus adeptos se reclutan de preferencia en las cúpulas políticas.

Mao Tse Tung atraviesa a nado el río Yang Tse acompañado de una nadadora adolescente. Un millón de espectadores presencian el hecho. El significado de un tal acto fue descubierto, sin embargo, por un chileno, el que esto escribe… Algunos chinos se sorprendieron de saber que el suscrito sabía. Fue, una manera de hacer operar el oráculo de las varillas de milenrama en esta larga y angosta faja de tierra llamada Chile. Se trató simplemente de un rito acuático y familiar, por eso de "cruzar la gran agua" y por eso de "el padre y la hija menor", símbolo, este de la armonía, como también de la joven República Popular. Mediante este lenguaje sin palabras el presidente Mao le dijo a su pueblo que en la nación había suficiente armonía como para embarcarse en una empresa de riesgo ("cruzar la gran agua"), esto es, entrar como miembro de número a la ONU.

El centro, centro del poder bélico norteamericano tiene forma de pentágono. Para el hombre pensante de nuestro tiempo ese es un hecho indiferente. No lo fue para quienes proyectaron el edificio según ese patrón geométrico. No todo se puede decir así como así, aunque el decirlo uno y saberlo otro no cambia mucho las cosas. Una buena respuesta sólo podría darse a una pregunta debidamente formulada. Pocos están hoy capacitados para formular debidamente una pregunta que merezca ser seguida de una buena respuesta. Sobre este particular cabe afirmar sin más explicaciones que, de no haberse proyectado el edificio en esa forma, los generales norteamericanos no habrían logrado realizar la operación del así llamado día "D". Pero esa no es materia para un hombre pensante.

El pentágono del Pentágono es un polígono regular. Superman emplea en su traje ceremonial el mismo emblema pero disimulado, alargando los lados del vértice inferior y acortando los de los costados derecho e izquierdo. La "ese" mayúscula inscrita en ese pentágono que parece ser la inicial de su título de personaje estelar de la cinematografía, no es una ese, es una serpiente.

Hace un tiempo en un programa de televisión por cable se trató el tema de la inserción de los judíos en la sociedad norteamericana y surgió la figura de Superman. Según la explicación que se dio, se trataba de un procedimiento subliminal empleado por ellos para hacerse valer y ser aceptados por una ciudadanía mayoritariamente anglosajona. Se trata del héroe de cabellos negros con atributos mesiánicos. El príncipe de Blanca Nieve en la película de Walt Disney, es otra versión del mismo personaje. Su castillo es una ciudadela de oro y piedras preciosas suspendida en el alto cielo; entiéndase la "Jerusalén Celestial". Por eso Blanca Nieves se despide de seis enanos y no de siete como correspondía. Vale decir que ella desecha el siete, número cristiano (los siete dones del Espíritu Santo) para asumir el seis, número hebreo; entiéndase, las seis puntas de la estrella de David, emblema del Mesías.

La ese mayúscula que Superman exhibe en el pecho es la serpiente Geburah, nombre del quinto sephiroth del árbol cabalístico hebreo, aquel que corresponde a la fuerza marciana, el poder encargado de la destrucción de las formas, semejante al dios Shiva del hinduismo.

Los que proyectaron el edificio pentagonal, sede del poder bélico norteamericano, debieron ser hombres que militaban en una sociedad secreta de inspiración hermética, próxima a la masonería de rito escocés.

En su consulta "doktor Jung" atiende sólo pacientes inteligentes e interesantes, de esos que saben ayudarse a sí mismos, y pueden ayudarlo a él también con la materia que le entregan de sus complejos, sus traumas y sus sueños para sus investigaciones. Una señora de edad madura que padecía de una neurosis depresiva una tarde de invierno le dice: Doctor, anoche soñé que me obsequiaban un escarabajo de oro. El entorno no lo recuerdo bien, sólo conservo el recuerdo del obsequio. El facultativo escucha y reacciona de inmediato para sus adentros. Es una resurrección faraónica la que ha vivido en sueños esta veterana, piensa; en todo caso es el mensaje simbólico de su curación. Los faraones egipcios eran sepultados con el escarabajo en el pecho como garantía de que volverían a habitar el mundo de los vivos junto a los dioses.

La alta significación del objeto obsequiado, aunque haya sido en sueños, supera sí, por mucho, la de la paciente. Eso él también debió pensarlo. El inconsciente es más que la pequeña persona a cuya sombra opera, dice para sí doktor Jung.

Pero sus pensamientos son interrumpidos por un ruido en la ventana: Un golpecito leve pero reiterado. Es un coleóptero que atraído por la luz trata de entrar en la habitación. El doctor dirige una mirada a la ventana y sonríe levemente. No digamos que ya sabía que el hecho ocurriría; digamos mejor que él no descartaba la posibilidad de que un hecho semejante podía ocurrir. Luego abre la ventana y deja entrar al insecto. Un entomólogo le asegura después que pertenece a la clase denominada "escarabajo de oro". Doktor Jung coge así la hebra que le permitiría desmontar todo el aparato de la teoría del conocimiento construido desde Aristóteles hasta Heidegger. Pero la ciencia contemporánea no se da por aludida de sus descubrimientos, y los astrofísicos más fundamentalistas del paradigma científico tradicional siguen sosteniendo con orgullo que ellos sólo saben de lo suyo, en el supuesto asegurado de que lo suyo constituye una representación real de lo real.

Jung motivado por esta y otras experiencias acuñó el concepto de "sincronicidad", demostrando que las coincidencias significativas son tales porque el acontecer así llamado objetivo tiene una dimensión psíquica, por lo que la ley de analogía resulta ser más significativa que la de causalidad. En relación a esto, un científico vinculado a la astrofísica me confidenció que, en su concepto, los descubrimientos de Jung apuntan a una realidad y que con su sincronicidad se pude explicar todo el pasado histórico de la humanidad, pero que ha debido ser excluida del actual modelo científico porque con ella no se habría podido construir la civilización industrial. Para eso bastaba con una cosmovisión mecánica como la de Newton.

Una negra norteamericana se reúne con otras mujeres de su mismo tipo racial en un club de danza en la ciudad de Los Ángeles. El propósito que las reúne es honrar su origen africano estudiando y promoviendo ciertos usos y costumbres de sus antepasados. La directora de la iniciativa en entrevista televisada dice: Los movimientos de nuestras danzas tienen por objeto mostrar que las mujeres tenemos manos, brazos, vientre, senos, muslos y glúteos. En nuestras tribus de origen andamos casi desnudos desde los niños hasta los ancianos, por eso en estas danzas nuestros cuerpos emplean todos sus recursos.

Es para construir una civilización industrial que el hombre blanco debe abandonar el rito universal de la danza y volverse rígido, porque con la danza se expresan y consagran los ritmos naturales. Entonces el hombre occidental compensó esa pérdida creando el ballet clásico.

En la danza los hombres y las mujeres ocupan su lugar en la polaridad cósmica. Hay un círculo y un centro, hay un pie y un suelo que es pisado alternativamente y al que se une después del salto, por percusión. La tierra entera golpeando contra el pie del hombre. Hay canto colectivo y pintura corporal. La piel del bailarín australiano se ha vuelto tierra, piedra y arcilla. Pero para construir una civilización industrial el hombre blanco debió liberarse del círculo originario de la danza y transferir su instinto de criatura danzante al escenario del teatro donde se realiza la coreografía del ballet. Ahí el cuerpo humano es estilizado y refinado en sus movimientos y actitudes siguiendo el camino de "virtus" y alejándose del de "voluptas". Es el patrón racional de la estatuaria clásica. El ballet europeo tradicional es escultura cinética, es geometría euclidiana en acción. Magnificación tan apolínea como hipócrita de la forma y la actitud. Quien sepa observar el ballet clásico europeo entenderá cuanta vida se ha extinguido en su helénica perfección.

El príncipe convoca a las lumbreras del siglo y con británica diplomacia les sugiere la orientación de la ciencia que debe primar en el reino. Las lumbreras no pueden objetar que el soberano esté comprando sus conciencias, pero entienden al fin cuál es el propósito central de sus sugerencias, al que deben subordinarse todos los propósitos, aún los que parecen más acordes con el Evangelio de Jesucristo. Así se construye un imperio.

DE LOS OVNIS

Es la noche total de un verano sin luna, pero crepitante de estrellas.

La luz intercomunicada de las constelaciones y su constante titilar tiene algo de sonoro que es acallado por la suavidad y lejanía de sus fuegos azul fosfórico, resplandeciendo en el plasma de una ilimitada oscuridad. Los árboles tienen su noche profunda comparable al sueño sin sueños que anula la imagen del mundo. Llegada la noche no seguimos nuestra marcha; acampamos.

La lumbre encendida es modesta, pero tiene el poder de ahondar la bóveda oscura que nos contiene. Es una luminosa forma de fijar el lugar que nuestro cuerpo ocupa en esa vastedad deshabitada.

El fuego ya no llamea. Los árboles son siluetas negras, sombras compactas. Están ahí para no ser vistos, sumergidos en el solo acto de afincarse a la tierra soportando su inmovilidad.

Es una zona que los lugareños califican como de "avistamientos". Una claridad se insinúa en la cresta de las colinas. Parece que en el remate superior de la cuesta de "La Dormida" hay un vehículo de potentes faros... Pero no... Es una claridad más vasta, arqueada, que va creciendo y mostrando gradualmente un contorno circular. Lo estaban viendo desde Algarrobo, lo estaban viendo desde Colina, se supo después, porque ya había alcanzado una altura que puede suponerse próxima a los dos mil metros. Tiene forma de anillo, de rueda, de círculo de luz perforado al centro por otro círculo de oscuridad. Sus inquietantes dimensiones provocan un cierto temor, aunque parece inofensivo en su casi imperceptible desplazamiento hacia lo alto. Es intenso, insólito, aterrorizante quizás, aunque nada en él acusa la intención de pasar la frontera superior en que ha querido situarse respecto de quienes lo contemplan. Es la ocasión que algún día tenía que darse para alguien que no tiene la intención de confirmar o alimentar ninguna obsesión a su respecto.

Es un hecho que existen, debe reconocerse. Es un hecho que aparecen. Es un hecho que algo hay de verdad en todo eso que se dice, y punto.

No pasó mucho tiempo, sólo horas, tal vez, entre que lo viera y recordara que en otra ocasión yo le dije a Ella: "Dame la gracia de ver otra vez en el cielo un signo de tu poder". Antes fue la corona, ahora es el anillo, el pimuntúc, la piedra Licán, el útero glorificado de nuestra reina.

Con todo, estas experiencias vienen acompañadas de otros hechos que no ocurren ya en el cielo sino en niveles bastantes más vulgares de la existencia. Personajes no identificados que visitan a los "abducidos" o a los que simplemente han presenciado el fenómeno en un encuentro cercano de grado menos comprometedor, como fue mi caso. Un sujeto de maletín negro me intercepta en la vía pública justo a la entrada de un restaurante llamado El Unicornio. Me llama por mi nombre y me invita a pasar al restaurante después de decirme a boca de jarro que él sabía que yo había tenido una experiencia como la que antes fue descrita. Él no se identifica; incluso se desentiende de mis preguntas sobre su identidad, alegando que eso no tiene ninguna importancia. Abre su maletín de ejecutivo y pone ante mis ojos una lámina en blanco y negro de un libro en la que se ve un ejemplar semejante al de mi avistamiento.

Lo que primero se me hace presente en este encuentro tan cercano y callejero, es el desagrado que la presencia de este sujeto me produce en contraste con la mística grandeza del anillo refulgente que iluminó mi noche desértica. Soy informado enseguida por este mensajero que se me ha otorgado la gracia de tener un encuentro cercano de primer tipo, información que es seguida de una erudita disertación sobre los así llamados extraterrestres y su misión en el mundo contemporáneo.

La perspectiva supuestamente halagadora de poder protagonizar en lo sucesivo encuentros cercanos de grados superiores parece ser el señuelo con que el desconocido pretende meterme en su raro juego con el más allá, por lo que le opongo una resistencia mental suficiente como para que él se dé por vencido. Mi argumentación al fin se encamina por mis recuerdo de personas que habiendo nacido con buenas posibilidades de desarrollo espiritual han sido esterilizadas interiormente por su dedicación a este tema.

A esta objeción él responde con una declaración un tanto inquietante y por demás reveladora: "Yo no soy espiritual".

Sólo cabía preguntar: ¿Qué tiene esto que ver con la gracia que me has otorgado de ver otra vez en el cielo un signo de tu poder? ¿Quién se reveló a mí esa noche? ¿Ella que respondió a mi petición o ellos que me tentaron de este modo invitándome a integrar su círculo hermético?

Si opto por lo primero deberé concluir que Ella esa noche, para satisfacer mi petición les robó un ovni a ellos que confiesan no ser espirituales.

DE LA AVISPA AZUL

Una invitación que nos es dirigida desde el misterio es una acción a distancia que nos alcanza hasta en la inmovilidad del sueño.

Es un polo de gravitación cuyo radio de influencia hace vibrar la atmósfera que respira una tensión eléctrica.

Los ojos se cierran para activar el sistema de conexiones que sólo la luz del oído puede establecer. Ignoramos que ese día ocurriría el prodigio pero acudimos a la cita confiados en la certeza del suelo que pisan nuestros pies, sembrado de rocas y flanqueado de riscos empinados de color rojizo.

Es el magnetismo sonoro el que nos atrae al lugar desconocido. Un arbusto extraño de enramado esférico como podado al estilo jardinería artística. Sus ramas aún en los extremos son leñosas y de cierto grosor, y sus hojas diminutas.

Las avispas azul negra de alas anaranjadas lo cubren por entero. Tal es el templo de sus secretas liturgias, sede de la cofradía. No es un canto el que emiten (o ¿es un canto?); ellas sólo vibran, como cuerdas frotadas.

La presencia del peligro es evidente, pero la invitación del misterio es aún más poderosa. Puede sobresaltar el corazón para después apaciguarlo hasta hacer del visitante un piadoso dispuesto a su propio sacrificio.

El coro de ángeles que tan raramente viene a visitar la tierra no altera su rito con la presencia del extraño; no se irrita con su torpe continente. La música vibratoria que lo anima demuele una a una las barreras que separan a un humano de estos tiempos de esas demostraciones extremadas del poder de la vida. Es una rara potencia instalada en el desierto. La zarza ardiente en la que podríamos oír la voz del que es, y la oímos, pero como el leve zumbido de Elías después del terremoto y la tormenta.

Pero las avispas no vuelan, sólo transitan por el ramaje haciendo vibrar sus alas. Es el sonido lo que buscan, no el vuelo ni el afán; un acontecimiento sonoro el que provocan; canto de sirenas que pudiendo dar la muerte dejan a una pobre sombra humana seguir su curso. Es un estar sin hacer que contraría su esforzada tarea cotidiana. La verdad es que juegan, retozan, en el completo abandono de su felina ferocidad.

Junto a las azules hay otras rojas, velludas, de la misma talla con las que conviven en perfecta paz. Caminan por la intrincada nervadura leñosa, se encuentran, se detienen, se hacen unas como reverencias y continúan su juego al infinito.

Las yemas de los dedos del hombre han rozado levemente ya el dorso de algunas de ellas que han aceptado de buen grado la caricia.

El hombre se mira a sí mismo y considera su punto de partida y el itinerario que lo condujo a la contemplación del prodigio. Soy de donde vengo, dice para sí, la distancia entre esto y eso es como la que se interpone entre el firmamento estrellado y los ojos de quien lo contempla y sueña. Él está afuera como en una rogativa solemne de mapuches a la que fue invitado en el sur, creyendo que sería sólo en calidad de espectador.

Nietzsche dice que en todo hombre severo suele ocultarse una gota de oro de bondad. Con las fieras puede llegarse al extremo de jugar como con los animales domésticos de la familia, pero con las avispas no se puede jugar. Son ellas las que cada mil años deciden detener su vuelo y sus afanosas incursiones terrestres para acordar entre sí las reglas de su gran ceremonial de paz con los humanos. Son ellas las que cada mil años deciden invitar a un representante de esa especie para solemnizar la ceremonia.

Bendecida por la zarza ardiente de este desierto, la sombra humana que acudió a la cita se da por invitada. El arbusto que escogieron las avispas es el único que permitiría la participación de un hombre en sus rituales. Tiene dentro una concavidad también esférica y su ramaje se alza del suelo desde una altura que permite la entrada a la ermita reptando y enderezándose dentro para quedar en la posición fetal, con la cautela requerida para no provocar una estampida que sería para el invitado una muerte segura.

El hombre razona sensatamente al pensar eso, pero sus actos lo vuelven al parecer un insensato. Al fin el miedo termina desvaneciéndose en el amor. Cualquier duda al respecto habría sido castigada con la muerte. Pero la seguridad de amar lo vuelve a él invulnerable: uno de esos que entran desarmados al combate.

Hay un trance en el que no se pierde del todo la conciencia de ocupar un lugar en la tierra. Es un trance cardíaco, no cerebral, ni nervioso. Se es llevado por el amor donde otro que no ama sería fulminado.

Son sutiles fuerzas magnéticas que lo inducen. Es el trance mismo en que las avispas han entrado el que le es transferido. Están ebrias y lo hacen reír hasta las lágrimas; como el hombre que vio la primera llama, la cual hizo brotar frotando dos maderos. Llora por el privilegio de ser admitido en ese espacio de salvaje sacralidad. Sentado en la postura del loto en el centro mismo del poder, él proyecta hacia el entorno su devoción, su amor por esto que el cielo ha hecho libre de toda mancha y deformidad.

Las avispas en sus juegos se dejan caer sobre sus brazos y sus piernas sobre su pelo y sus hombros. Las tenazas, garfios, y sierras de sus extremidades parecen aflojarse cuando caen sobre sus pantalones y su camisa. Lo hacen en diversas posturas perezosas. Se diría que ríen como niñas. Recorren un trecho palpando, olfateando la materia hilada y desconocida, y luego hacen vibrar sus alas para volver a colgarse de las leñosas ramillas del arbusto. De sus cabellos descienden a sus hombros, lo recorren entero, lo acarician.

Por eso él puede ya sentirse perdonado.

8

DE LA MÚSICA PARA LAS PERSONAS

Una cosa es la gente y otra las personas. Las personas, por lo general, viven ocultas en sí mismas aunque puedan tratar ordinariamente con los demás a la manera de la gente.

Cuando el emperador Yao visitó la localidad de Hoa, el intendente de la región le dijo: "¡Oh sabio! ¡el cielo os dé prosperidad y longevidad! Yao le ordenó callar. Pero el intendente continuó: ¡que el cielo os dé riquezas…! Otra vez Yao le ordenó callar, molesto por la impertinencia. Pero el intendente concluyó su exclamación: ¡… Y gran cantidad de hijos varones! Yao por tercera vez le ordenó que se callara, pero el intendente continuó: Riquezas, longevidad, descendencia, todo hombre desea esas cosas, ¿por qué sería usted el único que no las desea? Porque quien tiene muchos hijos, respondió Yao, tiene muchas inquietudes, quien tiene muchas riquezas sufre muchas angustias, y quien vive mucho tiempo enfrenta muchas dificultades. Estas cosas entraban el cultivo de la virtud. Esas son las razones de porqué yo no he aceptado vuestros buenos deseos. Entonces respondió el intendente, ya no os consideraré más como un sabio sino como hombre vulgar. A todos los hombres que crea el cielo, da la luz necesaria para conducirse en la vida. Vuestros numerosos hijos habrían podido hallar por sí mismos el camino. En lo referente a las riquezas, usted también habría podido fácilmente distribuirlas. Usted se preocupa demasiado de todo para ser un verdadero sabio. Dicho lo cual el intendente se retiró sin siquiera hacerle una reverencia.

Al constatar Yao que el intendente de Hoa era un verdadero sabio oculto fue tras él y le dijo: Tengo una proposición que haceros, a lo que el intendente respondió: ¡Déjeme tranquilo!".

Hay una música para la gente y otra para las personas. En tiempos de Confucio la gente del mundo gustaba de una música rumorosa y sentimental. Los teóricos de este arte sostenían que una música tal desestabiliza el Imperio y por eso cae el príncipe. Los que eran de verdad personas entonces preferían la improvisación individual que contenía su poder para entregarlo íntegro sin perderlo en el derrame del sentimiento exacerbado.

Richard Wilhelm dice al respecto que la música de la dinastía Yin llamada música Shao, que simbolizaba en nueve frases las más altas ideas del imperio universal, se distinguía por su pureza y belleza. Confucio procuró anular los falsos progresos de los últimos siglos; la música nerviosa y excitante, la que perturba el conjunto cósmico de la sociedad.

La esencia de la música no es la melodía ni la armonía ni la forma sino la contemplación del sonido. La contemplación del sonido se hace mediante la luz del oído. Antón von Webern rescató del sistema dodecafónico esa verdad sonora. Schoenberg que instituyó el sistema no alcanzó a percibir esa posibilidad. La melodía, la armonía y la forma eran todavía para él finalidades prioritarias. Webern llegó así al umbral donde la música toca a su fin, llamando al silencio.

Si los doce tonos de Schoenberg tienen una significación cabalística extra musical, como unidades tonales de una serie que concurren a integrar la piedra en que Jacob-Israel, padre de las doce tribus, apoyó su cabeza, la preeminencia en esa escuela vienesa de un católico con partícula nobiliaria, como este von Webern, era una disonancia más osada que las que el maestro se había atrevido a emplear en sus obras más audaces. Pero la osadía de von Webern se llevó a cabo con la misma bonhomía ingenua con que el católico Bruckner escribió sus descomunales sinfonías dedicándoselas al Padre celestial, y el católico Haydn rezaba por el éxito de las que habría de componer (de rodillas y apoyado en el borde de su cama). Von Webern realizó lo que se propuso pero debió pagarlo con su vida. Por encender un puro habano de noche en una calle de Viena después del toque de queda, durante la ocupación de Austria por el ejército de los aliados, fue muerto de un tiro que le disparó un soldado norteamericano.

Como hombre von Webern no tenía nada de extraordinario, sus escritos teóricos y conferencias muestran que él se movía entre los doce tonos de Schoenberg como un católico de buena voluntad se movería entre magos. Por eso su obra que nos restituye el arte de contemplar el sonido está dotada de un misterioso impulso místico. Puede concluirse de eso que el verdadero espíritu de su arte fue una transferencia que le fue acordada en secreto para no inquietar a su sencilla y piadosa persona. Algo que el simple ciudadano que él era no estaba en condiciones de entender, pero sí, y eso es lo sorprendente, el pobre soldado estadounidense que le dio muerte. Al saberse públicamente el hecho y la identidad del occiso, el soldado que cumplió el pesado deber de dispararle escuchó después su música, y lo hizo de un modo obsesivo, por decir lo menos. Como todo soldado norteamericano, era éste un hombre ordinario, a quien, sin embargo, el difunto transformó en un ser extraordinario. Así el paso de este insignificante "soldado Ryan" de su calidad de gente a su calidad persona, le costó también la vida como a su víctima. Se suicidó, dejando un mensaje en el que explicaba el motivo de su decisión, esto es, por haber asesinado a un santo.

Para contemplar el sonido debe haber alguien capacitado para producirlo. Antes del concierto los músicos de la orquesta se ejercitan, afinan y acuerdan sus instrumentos. Es un bloque sonoro sin matices que se asimila al parloteo del público. Es sonido muerto como el verbo muerto de las asambleas o el tejido inerte que se desprende de una herida que cicatriza. El sonido vivo no es sólo vibración de un cuerpo. A él se llega por extensión del oído que se oye oyendo.

La mejor música la ha hecho el hombre cuando las nociones de melodía, armonía y forma no existían. Los hombres oyeron las voces de la naturaleza y escogieron de ellas las vibraciones que el oído reconoce como aptas para su cuerpo evolucionado.

Entre todas las voces de la naturaleza el canto de los pájaros es el más depurado. Con todo, Confucio es alabado en las crónicas antiguas como un buen ejecutante de la "piedra sonora". Los matices de ejecución de que era capaz para dar vida a sus sonidos con un tal instrumento, según el testimonio de sus discípulos, nos pone en la pista del espíritu que nutre la expresión humana del sonido, el impulso cardíaco que lo vuelve poderoso.

Robert Schumann sentía aversión por los pianistas virtuosos pero aceptaba sólo a uno de ellos: Franz Liszt. Dominado por la tradición alemana de la música encabezada por Beethoven, Schumann, sin embargo, prefería no estar presente cuando Liszt entraba en trance y hacía sonar su piano sin atenerse a ninguna referencia preestablecida. Según algunos testigos presenciales, esas improvisaciones fueron lo mejor que Liszt realizó en toda su vida.

DE LA CAVERNA ANCESTRAL

El esmero con que el pintor paleolítico representó en sus templos cavernosos los animales que eran sus presas predilectas, supera la comprensión de nuestros científicos.

La cultura es amor dijo alguien y está claro entonces que éste no es un tema para científicos.

Por esa vía el pintor paleolítico alcanzó la maestría que hizo decir a Picasso: "Ninguno de nosotros sería capaz de pintar así".

Para eso se necesita estar asentado en la fe. También en la gratuidad y en la precariedad.

Tenemos aquí a un hombre desnudo que posee una virtud eficaz para determinar las cosas por el poder de la palabra, la mímica y el trance. Vive él en el desafío y por el desafío de ser. Entre la plenitud y la muerte; entre la belleza deslumbrante y la oscuridad de un total recogimiento. Tenemos a un hombre afiliado al gremio de los que pintan las paredes irregulares del templo subterráneo. Su diseño al carbón y sus zonas coloreadas, sus esfumados aplicados al soplete bucal acusan el adiestramiento milenario de una escuela.

La seriedad que deja en evidencia su diseño y su mancha es ritual.

El punto álgido de su obra no es tanto lo que queda para los descendientes, sino el acto mismo ejecutado en las sombras a la luz vacilante de la antorcha, hasta el instante en que decide él alejarse de la obra cumplida para que ella cumpla por sí misma su cometido.

El impulso que movió su mano es extrapictórico, son los espíritus, los antepasados, es la tierra, es el cielo, es el sentido. Es por amor al sentido que se hacen grandes obras inútiles para que el sentido las vuelva útiles.

Entonces no hay un cuerpo que mantener, no hay una carne que nutrir, no hay un músculo o un hueso que fortalecer, no hay una salud que cuidar como si fuese un tejido subcutáneo que se interrumpe en la agitación o el reposo. No se come entonces para subsistir, porque no se subsiste: sólo se asiste y en calidad de ejecutante, al concierto del cielo y de la tierra. Se caza y se come por añadidura en la larga cadena de los actos que el sentido ordena en sus alumbramientos sucesivos.

El pintor paleolítico fundó su escuela en un esmero que en sí es arte pero que no tiene nada que ver con nuestro arte. Su testimonio va dirigido de hecho contra el arte. Rechazaría por incomprensible lo que su émulo contemporáneo hace por no quedar al margen de la historia del arte. Su obra no es una obra; es el rastro que en la roca deja el pensamiento de la tribu.

Como en nuestro séptimo arte, su obra sólo existe cuando la luz la atrae a la existencia. Su efímera aparición es parte del rito. Extraer al animal de la oscuridad que lo envuelve y lo conserva como nunca obra pintada por mano humana se ha conservado. Es un soplo vital que transita de una oscuridad esencial a una existencia iluminada.

Los chamanes ingresan con antorchas en el espacio sacralizado en las tinieblas, réplica de la oscura extensión ilimitada de donde todo lo extenso entra en el campo en que puede reflejar la luz. Así la oscuridad ventrílocua guarda la obra para su sólo alumbramiento ritual. El animal divinizado surge de la sombra compacta para entregar el alma de su especie, a fin de darle alcance, al igual como se adquiere dominio sobre el destino personal desde la caverna del corazón.

Son nuestras escuelas las que milenios después crearon eso que llamamos arte. Lo que se creó para lo invisible terminó ofreciéndose a la vista del profano cuya vinculación con el espíritu terminó cortándose por el peso acumulado de los siglos. Cuando al fin nada más quedó para ofrecer a lo invisible, el arte alcanzó su autonomía. Entonces los impresionistas franceses descubrieron la técnica que les permitió representar un mundo plenamente expuestos a la luz del sol. "Le monde ensoleillé du bienêtre burgois" (el mundo soleado del bienestar burgués). Lo que jamás habrían intentado hacer los pintores de otros siglos.

La memoria de las profundidades entonces se refugió en la música.

En el primer movimiento de la 9ª Sinfonía de Gustav Mahler hay un descendimiento a la oscuridad original de nuestros templos subterráneos. Son esos momentos en que la turbulencia orquestal cesa y el auditor despierta en un espacio ignoto donde sonidos cavernosos son emitidos gravemente por señores vestidos de etiqueta que soplan tubos, frotan cuerdas y golpean masas, placas y cajas en un teatro atestado de gente que sólo cree en el principio de causalidad. El fresco envuelto en tinieblas se alumbra una vez más como si nada hubiese cambiado, pero somos seres demasiado esclarecidos, para percibir su oscura luz. Nuestra luz impresionista es demasiado cegadora. París y Viena están demasiado cerca.

Los señores músicos hacen rugir sus trombones, sus trompetas en sordina. Las cuerdas maullan como el gato montés, los timbales introducen golpes rítmicos de pasos en la penumbra como de osos u otras especies pesadas de espeso pelaje. Mahler mismo ignora la hondura del antro en que se ha metido, siguiendo el hilo de su partitura (que se fue haciendo al correr de los dedos en las teclas y la pluma en el papel pautado) a la luz vacilante de una vela. Nada en él nos induce a pensar, sin embargo, que ese antro de vieja sacralidad le resulte a él demasiado tenebroso o aterrorizante. El compositor parece gratificado con esa oscura luz; él puede verla porque no hay en su persona nada que sea impresionista.

En el segundo movimiento de su 8ª Sinfonía, Mahler había sido más explícito. Nos hizo saber que la caverna del origen lo obsesionaba. Lo que nos expresa en sonidos ilustra un texto cantado por el coro que nos señala el acceso a esas profundidades.

> Vastamente se mece la selva.
>
> Las rocas se adhieren pesadamente al suelo,
>
> Se aferran las raíces
>
> Se elevan las punzadas de los troncos
>
> Oleada tras oleada surgen.
>
> La más profunda gruta es nuestro refugio.
>
> Silenciosos y pacíficos
>
> Los leones deambulan en nuestra proximidad.
>
> (Goethe)

Tenemos aquí a un hombre al desnudo que posee la virtud eficaz de determinar las cosas por el poder de la música, la palabra y el trance. Después él se aleja de la obra cumplida para dejar que ella por sí misma cumpla su cometido (Mahler nunca escuchó una ejecución de su Novena).

La masa virtual de su materia auditiva comprime en la inmovilidad del silencio el fresco diseñado y coloreado de su narración sonora.

Es por amor al sentido que se conciben y se ejecutan grandes sinfonías inútiles que el sentido se encarga de hacerlas útiles.

10

DEL CIELO

El cielo de Galileo no es cielo de Confucio. Ambos levantan su mirada al mismo firmamento pero ven cosas distintas, esto es, cielos que entre sí se repelen.

El cielo de Galileo es un vacío en perspectiva demarcado por cuerpos celestes. No se compadece el cielo galileano con el "Padre nuestro que estás en el cielo", que el sabio rezaba en sus noches estrelladas antes de dormirse, con la conciencia tranquila frente a las objeciones de la Inquisición.

El cielo de Confucio proyecta las imágenes primordiales de todo lo que toma cuerpo en la plataforma de la tierra. Mientras Galileo con su telescopio no ve más en él que lo que está capacitado para ver todo hombre que mira el mundo con un solo ojo.

El cielo de Confucio gobierna el Imperio, gravita sobre los gobernantes y los ancestros fundadores de la dinastía reinante. Es anterior a la invención de la perspectiva ese cielo. Esta ahí como en la concavidad interior de una esfera. Es un icono geométrico de múltiples formas fijas que resultan uniendo en su diseño ciertos puntos luminosos de su carta estelar.

La más fija entre las estrellas se llama "estrella polar". En torno a ella giran todas las demás. La estrella polar es el eje de la esfera celeste, el emblema astral del soberano que gobierna el Imperio sin actuar. Tal es su virtud (en chino: TEH).

Los antiguos sabían que entre las luminarias fijas había otras cuyos movimientos no se ajustaban al diseño inmutable de las constelaciones.

Tales fueron los planetas. A Júpiter lo llamaron la "estrella del año" porque su ciclo dura doce meses. El emperador Fu Hi fue llamado "Sui" que significa el "año", porque nació doce meses después de su concepción.

El cielo de Galileo es posterior a la invención de la perspectiva. Con la ayuda de su telescopio Galileo fue el primer hombre que vio los planetas destacándose como esferas iluminadas contra las formas fijas de las constelaciones. Así, mediante la ficción de la perspectiva, Galileo destruyó el icono celeste de los antiguos. La moderna teología de la muerte de Dios arranca de este hecho insignificante, esto es, un tuerto mirando el cielo a través de un tubo de bronce.

Galileo percibió en el cielo distancias y grados de lejanía que le dieron profundidad de campo a su cielo, y alentaron a los hombres que le sucedieron en estas observaciones a incursionar en él. Hoy el cielo medio es un basural de chatarra astronáutica. Interesa saber que los mapuches de Chile conciben el cielo medio como poblado por demonios.

En el clásico confuciano llamado Libro de las Mutaciones se dice que el cielo se sitúa en la suprema altura para desalentar todo intento de incursión. Cuando los hombres pretendieron hacerlo construyeron una torre alta para alcanzarlo, y fueron castigados por su temeridad mediante la confusión de sus lenguajes. Entonces dejaron de entenderse y se dispersaron por el mundo. Desde entonces por cuestiones de palabras, los hombres pelean y se matan entre sí.

La invención de la perspectiva dio muerte también al arte.

El ángel de la anunciación que se aparece a María en el cuadro de Leonardo da Vinci es el único ángel representado en una pintura que por su anatomía se muestra apto para volar. Es un humano con musculatura de pájaro. Un monstruo con cara de efebo. Su anuncio a María muere en la perspectiva lineal con que el pintor florentino alardea de geómetra e ingeniero dominador de la naturaleza. En el fondo lejano se ven riscos y colinas a la caída de la tarde. Es el crepúsculo de la naturaleza. Su perspectiva es una fuga recta hacia un centro geométrico del cuadro. El ángel está situado a la izquierda y María a la derecha. El anuncio del ángel avanza hacia María en una pequeña recta coloquial que no alcanza a ser más que un murmullo de confesionario que estorba la avasalladora proyección de la perspectiva y la estampida de sus rectas convergentes. Más importante que la investidura del Mesías prometido es dominar la naturaleza.

La perspectiva anula la plenitud de la imagen. En la escalada del progreso corresponde a la invención del espejo. Perspectiva, espejo, profundidad de campo, lente, profundidad mensurable del cielo, desplazamiento de materia cósmica, distancia, todo eso es lo mismo. Su nombre es "humanismo". Humanismo es hegemonía del ser pensante en desmedro de todo lo que ha sido revelado, soñado, cantado y danzado.

La Inquisición no estaba capacitada para juzgar a Galileo. Dos mil años antes de su nacimiento fue Confucio quien lo juzgó y lo condenó por desorientar a los hombres confundiendo la realidad con las apariencias.

Inventar un hombre con identidad conceptual y matemática, pero no humano. El hombre primordial de Leonardo, con los brazos y las piernas abiertas sobre el pentágono de Pitágoras. La brutalidad de su rostro lo delata: uno de esos que vendrán de lejos a aniquilarnos.

11

DE LA PALABRA

La reiteración de la palabra en soledad, su observación auditiva; su observación plástica; su relieve compuesto de alternancias de alientos coloreados por la resonancia de una cavidad que varía las dimensiones de su eje horizontal y vertical; las diferentes formas de obstruir y condicionar la emisión con diversas posiciones de los labios y la lengua, es la posibilidad que tenemos de hacerla descender hasta el corazón para que guste su sabor, esto es, su saber.

El poder del mantra está dirigido hacia el propio hablante.

Es una clave verbal que limita la emisión del pensamiento para adelgazarlo hasta que cese.

La palabra deviene entonces una materia que se palpa y delimita el sonido en un cuerpo articulado. El sonido ubicuo del habla es el espíritu de la palabra; la articulación verbal es el cuerpo; el significado es el mundo.

La palabra que dice algo sólo para otro es una imagen sin reverso.

Para saber y contar y contar para saber.

La sabiduría popular siempre ha sabido que la palabra es como un pozo de fondo inalcanzable. Yo te la digo para percibir en mí mismo el eco de su grafía sonora.

La palabra que dice algo sólo para otro sólo está en el mundo. Está dirigida al otro en cuanto ese otro está en el mundo. Pero el mundo que no es más que mundo, no es el mundo, es el vacío compacto de las palabras referidas sólo al objeto y entre cuatro murallas.

La verdadera palabra incluye en un todo al hablante, al interlocutor y al mundo. La palabra internalizada alcanza el corazón de quien la pronuncia, alcanza el corazón del interlocutor y el de todo hombre, por eso puede incluir también al mundo.

Para sustentar el orden es necesario que haya una palabra que sea la esencia de todas las palabras. En India es el OM. En china es el TAO. Entre los hebreos es IAHVEH. En el evangelio es el VERBO.

El maestro enseña al discípulo la correcta pronunciación del OM, pero más que pronunciación es presencia lo que le pide. El discípulo aprende así a estar cada vez más presente en su palabra. Cuando llega a estar plenamente presente, el maestro le toca levemente el lado derecho del pecho y el mundo se desvanece para él en un mar de luz.

El maestro enseña al discípulo el TAO de los antiguos. Desecha la escritura de los letrados y diseña con un pincel el ideograma como era cuando los soberanos eran príncipes tribales y sus maestros, hombres sagrados de palabra poderosa. Tenemos aquí una cabeza decorada por el tocado de un maestro; tenemos las rectas que delimitan un camino y la huella de un pie que se posa en él. Cuando el discípulo aprende a caminar alternadamente hacia el ser y el no ser, le es revelada la esencia de sí mismo y de todo; la puerta por donde entran todas las maravillas.

El maestro le enseña al discípulo la composición de la palabra IAHVE, el que es, era y será. El discípulo aprende a caminar por los meandros misteriosos de las vías de IAHVE, hasta que llega a ser un hijo de la luz. Entonces conoce por experiencia lo que la escritura enseña: "IAVEH es un fuego devorante".

El maestro enseña al discípulo a resumir todas las palabras en una sola, así él entiende al fin que esa sola palabra no puede sino tener la forma de uno como hijo de hombre. De sus ojos caen unas como escamas, y entonces ve la luz.

DE LA CIUDAD Y SU HISTORIA

Caín después de dar muerte a su hermano Abel fue a habitar la tierra de Nod. La maldición divina que cayó sobre él, no impidió sin embargo que, a poco andar, pudiera darle a su vida un giro exitoso. La palabra éxito le cuadra bien a un hombre como Caín.

Por lo que nos informa la Escritura, la experiencia de Caín fue como cultivador, metalúrgico (Caín significa "herrero"), político, y estratega. Así, su estirpe, marginada del orden divino, halló consuelo en él, el constructor del orden humano.

El que haya construido la ciudad de Enoch, la primera de que se tiene noticia en la historia, revela que los otros tres oficios los practicó con maestría.

La ciudad de Caín era grande y esplendorosa. Algunos iluminados la buscan aún hoy en lejanos confines de la tierra bajo el nombre de "Ciudad de los Césares". La tradición hebrea (Libro de Enoch) enseña que los albañiles que Caín tuvo bajo su mando debieron domesticar a los dragones cuya fuerza emplearon para la realización de la magna obra, con el solo inconveniente de que los dragones se alimentaban de hombres, a los que devoraban enteros sin distinguir entre vestido, cuerpo y alma.

Esta historia nos invita a una tarea por demás interesante. A saber: la posibilidad de que todas las ciudades construidas después de Enoch se hayan ajustado al modelo que ella representa sin que nos hayamos percatado de ello.

Jesús predijo el fin del paganismo occidental en su apocalipsis del capítulo 24 del Evangelio de Mateo. El sol se oscurecerá, dijo, la luna no dará más su luz, las estrellas caerán del cielo, y las potestades se bambolearán.

Será la desbandada de las divinidades cuyo gobierno del mundo ha tenido tan mal término.

Después los convertidos a la nueva fe comenzaron a habilitar pequeños espacios donde el Reino de Dios pudiera asentarse. Primero fue la catacumba, después fue la basílica. Después de convertidos los bárbaros de Europa, fue el burgo fortificado, con su castillo, su catedral, su palacio comunal y su universidad cuando la había.

Fuera de sus muros era el caos donde las antiguas potestades en retirada vivían su humillante exilio. Sólo algunos desquiciados como Merlín y Tannhauser tenían comercio con ellas.

El príncipe cristiano y el pontífice de Roma eran los guardianes del orden. El muro protector del burgo no era sólo una construcción de carácter estratégico, era un cerco mágico para mantener a raya una eventual contaminación espiritual.

El año 1789 de la era cristiana, los desquiciados ya eran, por lo menos en Francia, tanto o más poderosos que los guardianes del orden; entonces ellos abrieron una brecha en el muro de la historia por donde las viejas potestades mantenidas a raya ingresaron. Reunidas en un tribunal en París exigieron varias cosas. Se enumeran a continuación las principales. Primero: que se les rinda un culto digno en consideración a la afrenta de dos milenios de exilio. Tales fueron las fiestas así llamadas del Ser Supremo, de la Naturaleza, de la Juventud, de las Madres, y otras por el estilo, en las que Maximiliano Robespierre actuó como oficiante. Segundo: exigir la decapitación del príncipe cristiano, de su consorte y de su delfín, y a imitación de los romanos proclamar el consulado y a poco andar el Imperio. Tercero: exigir al héroe póstumo de la revolución que cumpla la maldición de los Templarios apresando al pontífice romano y encerrándolo en el castillo de Fontainebleau. Cuarto: organizar la coronación del emperador en la catedral de Notre Dame de París (y no en la de Reims) en presencia del pontífice comisionado para coronarlo emperador de Occidente, a quien él, en el momento previsto, arrebatará la corona de sus manos para ceñírsela por sí mismo. Tal será la humillación de la Tiara de Roma anunciada por el gran maestre templario Guy de Mollet en el siglo XV.

"Le meurtre fondateur" (el homicidio fundante) de este orden no sólo exigía la decapitación de Louis Capet y su familia, había que cortar mágicamente toda continuidad posible al clan de los borbones, por eso se agregó el siguiente Otrosí: raptar al joven duque de Enghien, a la sazón exiliado en Alemania, a quien se ha de ejecutar sin explicación y sin juicio.

Esas debían ser las víctimas selectas. Las demás que suman millones debían ser parte del holocausto. Se comenzaría en la guillotina para continuar en grandes incursiones bélicas ornamentadas de lujosos uniformes, briosos corceles, y enorme despliegue de señoríos ávidos de sangre y de dominio, al compás de sonoras trompetas y cajas, emblemas y pendones que han de estrellarse en campo abierto para dejar sucesivas masacres de estilo neoclásico aptas para ser transferidas a la tela por maestros capaces de obtener la inspiración por esos medios, e historiadores que transmitirán a la posteridad estos hechos al detalle con la mano temblorosa por la emoción, hasta el místico arrebato del filósofo alemán Friedrich Hegel quien viendo al emperador de los franceses exclamará: "he visto al espíritu del mundo a caballo". La meta de toda esta magna obra debía ser lo que entonces se denominó la Gloire (la gloria).

Pero el proceso de este vasto proyecto no terminó su arco de evolución sino en 1860. Por eso debió agregarse tardíamente el segundo Otrosí: demolición de muro de la capital imperial (a la sazón gobernaba el emperador Louis Napoleón Bonaparte) e invitación de los citoyens (ciudadanos) a respirar el aire libre del aliento de los dioses a campo abierto en espacios de naturaleza ponderados varias décadas antes por el filósofo Jean Jacques Rousseau.

Término del ciclo.

Nota I: el error de los revolucionarios fue el de no verificar bien la identidad de las potestades que ingresaron a París por la brecha abierta en el muro de la historia. Entre ellas se filtró Kronos – Saturno, por eso la revolución comió la carne y bebió la sangre de todos sus hijos.

Nota II: el error de los dioses fue el de no considerar en toda su gravedad la autodeificación del emperador (quien hasta un templo para celebrar sus glorias mandó edificar en el centro de la capital imperial) lo que, a poco andar, provocó la deificación del ciudadano. Por eso después de la demolición del muro protector los hombres se desentendieron de las exigencias de los dioses y arrasaron los campos, bosques y montañas de sus antiguas moradas, llamadas desde entonces "recursos naturales". Fue el ocaso de los dioses de la Galia continental, y sucesivamente, de todos los territorios habitados por el hombre.

13
DEL DISCURSO

El audio del televisor está en su cota cero. El locutor mueve sus labios, abre y cierra su boca sin emitir sonido alguno. En la expresión de su rostro se puede distinguir un espectro muy limitado de gestos, sin contar los de los brazos y las manos. No importa el tema; en el curso de su locución él gesticula siempre del mismo modo. Sus gestos, aunque diferentes unos de otros, tienen de común el hecho de acompañar un decir que no procede de un pensar ni un sentir del sujeto emisor, aunque deba parecerlo así.

El presidente de Francia habla con mesura; tiene un estilo adquirido en una muy buena escuela de locución para políticos de alto rango. Hace pausas y modula bien. Pero el espectro de gestos que acompaña su discurso, por lo general, de un tono grave, no pasa tampoco de unas tres o cuatro modalidades expresivas, sólo que en su caso parecen más acentuadas que en el del conductor habitual de un noticiero.

Observar a los que hablan aunque no se los pueda oír es interesante. A mayor rango en la escala social, más animada es el habla. En una reunión de mucha gente, en cualquier lugar de Europa o América, se puede tener una buena muestra de la frecuencia en que vibra la mente del hombre contemporáneo. Pero la mente no vibra por sí misma; es el lenguaje el que la hace vibrar. Una estructura verbal que constantemente se está generando a sí misma mediante una locución compulsiva.

El silencio en sociedad es insoportable. Obliga a estar presente con la sola consistencia de nuestro cuerpo. El silencio en sociedad es semejante a la desnudez.

El parloteo de una reunión social se asemeja a una concentración de aves marinas. Para el que escucha no hay rango de sonidos. Todo es lo mismo. Para las aves, sin embargo, los matices del graznido de cada una son perfectamente discernibles. Su código es secreto. Es el auditor humano el que en esa asamblea está en desventaja. En una reunión social el auditor no está ni en ventaja ni en desventaja, todo es lo mismo, no hay código ni matiz. Así, lo que las aves expresan con su graznido resulta ser más significativo que todas las palabras dichas por hombres y mujeres cuya compulsiva locución no tenía más finalidad que la de parecer grato a otros.

Se nos va el alma por el habla; se nos vacían las entrañas, porque no queremos ser visto en nuestra desnudez sin el taparrabo de nuestra locución constante. No queremos pasar por ese intervalo tenso del no ser.

Pero el silencio es una proposición del lenguaje mismo. La institución de los nombres *in illo tempore* supone el silencio en que ellos pueden ser formulados clara y distintamente sin perder nada de su peso específico. El silencio es parte del lenguaje y de la música, por eso de que "hablar poco es lo natural" (Lao Tse). Cada nombre en su materia misma trae un componente silencioso. La pausa que deja entre su última sílaba y su reproducción mental. Pero el habla humana hoy es constante, como la música que también hoy es constante. El componente silencioso de los vocablos se ha reducido a cero. El habla del jefe del estado no se diferencia cualitativamente de la de cualquiera de sus secretarias, aunque sea él quien tome las grandes decisiones. Las grandes decisiones siguen la suerte de las palabras con que fueron formuladas; desplazan cosas de un lugar a otro en un mundo donde sólo hay cosas. Cualquiera sean las consecuencias del desplazamiento, se entiende al fin que sólo había palabras; el caqueteo sin código ni matiz en un bloque sonoro parejo.

Se pertenece a una nación, y nuestra habla se realiza en el marco de un idioma. Y ese idioma se emplea según las modalidades de la época en que se vive. Puede ser un idioma de muchos miles de palabras, pero la modalidad actual de ese idioma ha excluido gran parte de ellas en nuestros usos y costumbres. Cada vocablo es un descendiente de otro de lenguas antiguas caídas en desuso. Y esos vocablos de los que descienden son a su vez formas evolucionadas de otros vocablos empleados en las formas arcaicas de esas lenguas. Toda forma arcaica de una lengua está constituida por nombres que aluden a la materialidad directa del mundo y eso porque proceden de un tiempo en que el hombre, como habitante del mundo, estaba realmente presente en él. La presencia del hombre en el mundo se resintió con el uso de expresiones abstractas.

La evolución de los idiomas avanza de lo concreto a lo conceptual, como la riqueza evoluciona del oro al papel. En las formas más evolucionadas de un idioma sólo se emplean abstracciones convencionales aceptadas de hecho por la sociedad. Sólo en regiones apartadas del campo es posible escuchar todavía un habla de cuerpo presente.

Originalmente la abstracción era espiritual, no lingüística. Ante la mirada del hombre estaban las formas del mundo, y estaba también lo que no tiene forma, el vacío del que las formas emanan. El animismo primitivo procede de esa intuición fundamental.

El materialismo contemporáneo sólo ha sido posible mediante un sistema de denominaciones que hace abstracción total de la materialidad del mundo. Sólo en ese vacío lingüístico es que cabe la materia de los materialistas.

Esa materia debía ser necesariamente una no materia, esto es, la deificación del concepto de materia. Así, de la inconsistencia lingüística de un idioma burgués salió la consistencia de una ideología revolucionaria.

El concepto de materia manejado en el siglo XIX fue desmantelado por la física contemporánea. Quizás nadie o muy pocos pensaron en eso y en las consecuencias que se derivarían de ello. De modo que debemos considerar una coincidencia significativa el hecho de que el colapso de los socialismos reales coincida con la desaparición de esa materia conceptual en que la ideología revolucionaria se apoyaba.

Más poderoso que esa materia ha demostrado ser el mercantilismo anglosajón, y eso porque su base es teológica. La Biblia anglicana atempera la vacuidad lingüística del discurso contemporáneo, en cuanto las Sagradas Escrituras tienen consistencia material y están formadas por palabras que nunca han dejado de estar presentes. Se trata en el caso anglosajón de una verdad cerrada y literal (que excluye toda especulación) embalada y depositada en la bóveda de un banco. Todo lo demás se basa en la confianza que la raza anglosajona tiene en el egoísmo humano y el acuerdo de intereses. El aglutinamiento social de este imperio lo da la sacralidad utilitaria de una monarquía y el entrenamiento deportivo. La mente anglosajona emplea las mismas abstracciones del habla contemporánea en su discurso de política exterior, sólo que el imperativo de generar riqueza le impide tomarlas en serio.

DE LOS CICLOS DE LA HISTORIA

Los anales de la historia avanzan quemando etapas. Las etapas quemadas trasmutan la substancia de que estaban hechas en CO_2. Las moléculas del reinado de Guillermo de Inglaterra o Luis Capeto de Francia han entrado muchas veces por nuestras narices.

La serpiente engulle otras serpientes hasta el día en que su digestión se paraliza. La presa engullida sale entonces de la manga que la aprisionaba en movimiento retrógrado.

Si quieres que algo se reduzca, dice Lao Tse, debes dejar primero que se dilate.

Cuando se ha dilatado hasta colmar su medida, el profeta, consagrado o popular, siente que su momento ha llegado, después de pasar cincuenta años observando con santo temor cómo la vida se repliega para dejar a la opulencia avanzar por la vía ancha hacia su ruina.

El conocer este movimiento de retracción, dice Confucio, confiere el conocimiento del futuro. Por eso el profeta rema contra la corriente.

Algo que se expande es también algo que se contrae. Un tiempo que se adiciona es también un tiempo que se resta.

El profeta popular entonces viste harapos, y es el hazme reír de todos. Es el loco Oseas que toma a una ramera por esposa, o el "inocente" ruso a quien los granujas han robado su última moneda. Sobre la nieve endurecida del peor de los inviernos, dirige su mirada hacia las majestuosas torres del Kremlin, y con la voz quebrada por la aflicción le anuncia al Zar Boris el fin de su reinado.

Los granujas se han ido y nadie escuchó sus palabras. Es el viento que sopla sobre el hielo el que las vuelve poderosas.

De tanto remar contra la corriente, Oseas el profeta terminó por desposar a una ramera.

El rey Achaz acosado por invasores extranjeros se negó a pedir un signo por miedo a tentar al cielo. Isaías le hace saber entonces que el signo es que una virgen parirá un hijo que será llamado Emmanuel, esto es, Dios con nosotros.

Jesús heredó de Oseas su respeto por las prostitutas.

Los primeros cristianos, en sus catacumbas, como en un refugio antiaéreo esperaron el momento de oír caer los escombros del Imperio contra el piso que se extendía sobre sus cabezas. Cuando el estruendo cesó, pudieron salir a la luz del día. Algunos entre ellos también vestían harapos.

DEL ORIGEN DEL LENGUAJE

Podría llamarse materia auditiva a la masa sonora virtual que constituye la forma de una composición musical. Pero el sonido, en sí no tiene consistencia material, acontece en el tiempo y en el tiempo se desvanece. No es una substancia ingrávida como un gas en suspensión que se desplaza o proyecta para penetrar en el hombre por el oído. De cualquiera intensidad que el sonido sea, el oído aunque pequeño, contiene toda la onda sonora emitida.

No es el sonido el que suena, es el aire, es la cuerda, la campana, el tímpano los que suenan.

No es el fuego el que arde, es la leña, la casa, o la víctima del holocausto.

En el clásico confuciano llamado Libro de las Mutaciones, se dice que el fuego es lo adherente, porque carece de autonomía; depende de un combustible para alumbrar.

Del sonido podría decirse algo semejante.

Ni siquiera es la cuerda del violín la que suena, más que la cuerda es la caja de resonancia.

El sonido es tal para los seres dotados de audición, de tímpano y pabellones captadores. No hay sonido para las montañas y las rocas, sólo hay desplazamientos vibratorios.

Las plantas no oyen pero son sensibles a esos desplazamientos. A la vibración de la voz viene asociada una onda que emana de la persona. Una planta puede resentirse por la vibración de la voz de un ser indeseable. Es otra manera de oír, debemos concluir.

La audición, la visión, el olfato, son medios de comunicación a distancia.

Pero la audición fue cambiando su consistencia vibratoria a medida que se sucedían las mutaciones interiores del homo sapiens. Lo que cambió hacia adentro se tradujo en conciencia sonora. Lo que cambió hacia fuera fue un modo de emisión de la voz combinado con movimientos especiales de los labios y la lengua.

El pasaje del Génesis que narra cómo Adán instituyó los nombres resuena en el acto de institución de los nombres en todos los pueblos.

La creación del lenguaje no es un hecho de pura naturaleza como el comer. Es el comienzo de la cultura humana por la enseñanza que imparte el hombre sagrado de la tribu, que tiene misión.

No es éste un tema para científicos.

Si el advenimiento del lenguaje fuera el desarrollo gradual de un medio expresivo de la especie, no sería el lenguaje el fundamento de la cultura. Las expresiones verbales de los individuos no se habrían concretado en un idioma de validez universal para la comunidad. Se le reconoce al "holy man" autoridad para menesteres rituales menores, pero no se concibe que en el origen hubo otros "holy men" de superior categoría capaces de instituir los nombres por inspiración. En realidad lo que no se quiere aceptar es la creencia que todos los pueblos han tenido siempre de que hubo luz en el origen. La institución de los nombres supone en el hombre sagrado el conocimiento del mundo.

En qué momento lo que era un arte natural derivado de la exigencia de existir para ser, se desarrolló un arte en que el artista buscó la maestría en la ejecución y la excelencia en la realización. Pienso en la vaca de la caverna de Lascaut, o en el bisonte en Altamira.

Flautas de hueso halladas en las cavernas paleolíticas recientemente investigadas, suenan bien y sus orificios establecen intervalos capaces de fluctuaciones melódicas. Es lo que a tientas buscan hoy algunos instrumentistas y compositores contemporáneos. Un cornista de la orquesta Filarmónica de Chile manifiesta su predilección por los instrumentos étnicos que emiten tres o cuatro sonidos, y los emplea en conjuntos de improvisación. Él no busca, como lo hizo el ancestro, engañar a los pájaros; él busca sólo recordar los tiempos en que la música que él ejecuta habitualmente como profesional no existía. Él busca descansar de la música.

16

DE LA RESPIRACIÓN

En orden de llegada, la primera ingestión de alimento viene después de la primera inhalación. Entre uno y otro se sitúa el primer grito. Nacemos con la primera inhalación y morimos después de la última: expiramos. La más larga respiración completa que contiene la totalidad de nuestra vida.

Más que en el habla vivimos en la respiración.

El habla está en la respiración como el objeto de nuestro deseo está en los pasos que nos conducen a él.

El habla es una excrecencia del aliento. Son zarcillos que brotan en la lengua cuando se exhala el aire en forma de sonido articulado. Pero el habla supone la inspiración. Por eso toda palabra antes de ser pronunciada es anticipada en la mente por una inspiración que ha de expirar.

Nadie habla cuando inspira el aliento. Por el habla uno se sale fuera de sí mismo. Por el habla se crean las circunstancias en que se trama la existencia de una sociedad.

El habla está formada por nombres instituidos por el primer hombre.

El primer juego, el de las pertenencias. Ordenamos y habitamos el mundo para situarnos en él y construir un mundo. Así el mundo nos tiene y nos incluye como humanos en su corteza sólida. Es la mano rugosa que sostiene al insecto que los ojos del cielo observan. He ahí su diminuto y desvalido habitante.

La luz se concentra o se difumina. Cuando no se concentra se solidifica. Es el entendimiento que guía a las montañas, valles y llanuras. Es el magnetismo que se hace pensamiento y atrae el meteoro capaz de trastocar el mundo entero para que la tierra olvide su mente de reptil y advengan los seres frágiles que hablan y que danzan.

Comemos rítmicamente nuestra propia vida entre una inspiración inicial y una exhalación final.

"No sólo de pan vive el hombre" significa que el aire de vida venido de lo alto tiene preeminencia para hacer del hombre un viviente.

Cuando el aire de vida cede su preeminencia a las otras dos instancias, el discurso y la economía se magnifican. Es lo que hace posible la falsedad y el hambre. Es el déficit de la palabra y del alimento provocado por un déficit respiratorio.

Jesús resucitado sopló sobre sus discípulos. Para eso él debió antes inhalar su aire, esto es absorber el Espíritu.

DE LA 8ª SINFONÍA DE MAHLER

Sobre las dos categorías de música, para las personas y para la gente hay una tercera categoría, una música cósmica, para la naturaleza.

En ciertas zonas de la Rusia antigua donde la población es mayoritariamente musulmana, en un lugar desértico y rocoso, en cierta fecha del año, tenía lugar un encuentro de músicos para medir el poder de su arte ante un jurado de veteranos. El acto se realizaba al pie de un elevado farellón de roca blanca y lisa, el cual debía vibrar ante la ejecución de los músicos más dotados entre los ahí reunidos. La vibración consistía en hacer de manera que el farellón, al término de la ejecución y después de una pausa, devolviera en el eco la totalidad de la secuencia sonora emitida. Se entendía que el logro de este efecto se debía no sólo a una demostración de maestría del ejecutante, sino al impulso espiritual que él conseguía poner en el sonido emitido por su instrumento. Su luz interior producía una tal sintonía con el entorno natural que hacía posible el prodigio.

He oído decir a ciertos músicos de la escuela budista Zen que la mejor música se produce cuando el ejecutante introduce su ejecución en la esfera de su meditación. Eso se llama hacer brotar el sonido directamente del vacío. El estado en que el ejecutante se halla en esos momentos es descrito en términos de inocencia.

Conozco a un hombre que ejecutó en la flauta andina llamada "quena" y en un lugar desértico, el tema del segundo movimiento de la 8ª Sinfonía de Gustav Mahler; ese que los oboes exponen en su registro agudo sobre las notas punteadas de los contrabajos. Lo hizo al borde de un precipicio y frente a una colina cuya cara visible era un farellón de riscos colorados de irregular superficie. Una hora y media después la colina devolvió el tema de Mahler en su totalidad. El ejecutante en ese momento se hallaba a más de mil metros de distancia del farellón, cuando ya comenzaba a oscurecer. El prodigio fue escuchado por dos personas más (Patricio y Anita).

Consultado el ejecutante sobre el cómo y el porqué de un tal fenómeno, sólo atinó a decir que él había soplado su quena con entera inocencia y sin pensar que estaba ejecutando un acto dotado de algún poder paranormal. Lo que sí puede asegurar es que lo hizo en un momento de especial lucidez y júbilo interior.

Veinte años después.

El mismo ejecutante y uno de los que lo acompañaban en la ocasión anterior suben a las colinas del lugar y se sitúan frente al mismo farellón. La emoción es grande al contemplar lo que ellos consideran como una fidelidad de la tierra que conserva intacto para ellos el mismo paisaje, el cual pone frente al espejo de una mente que ha experimentado tantos cambios. El flautista en homenaje a esa fidelidad ejecuta el mismo tema de Mahler que el eco de las rocas devolvieron en la penumbra del ocaso. Un cóndor atraído por el señuelo del canto de lo que él cree ser una ave, se interpone entre el precipicio y la colina, cruzando en vuelo inclinado el espacio que transmite los sonidos de procedencia humana y los que la tierra hace resonar en respuesta. El acompañante del flautista se pone de pie frente al abismo, en el mismo borde del saliente de roca que lo sostiene. Al emitir la quena la nota más aguda, el hombre se sale de su cuerpo y se ve recorriendo el lugar como si volara y lo mirara desde la altura en toda su extensión. El paso del cóndor parece haber anunciado el fenómeno algún momento antes, tanto más cuanto que el flautista antes de ejecutar el tema de Mahler, entre otros temas de música andina incluyó también "El Cóndor Pasa". La experiencia aterroriza al acompañante, pero la emoción puede más que el miedo, y al volver en sí de su trance, el hombre derrama abundantes lágrimas. Lágrimas de felicidad confiesa al fin. Desde entonces él se refirió al hecho con la expresión: "El santo vuelo de los antepasados".

El flautista que pone por escrito estos hechos para conservar memoria de ellos, debe interrumpir su labor momentáneamente para atender el teléfono. La voz que pronuncia su nombre desde la distancia habla castellano, pero con acento alemán. Se identifica como el organista de la catedral de Klagenfurt, en Austria. Es chileno, pero ha vivido siempre en Austria, por eso habla castellano con acento germano, y ha sido informado por un amigo de que su interlocutor de Chile ha compuesto una suite para orquesta de cuerdas llamada "Chile en cuatro cuerdas", cuya grabación ha escuchado. Le ruega que le mande la partitura. El autor se siente halagado por esta solicitud y conversa alegremente con el Kapelmeister de Klagenfurt. En el curso de la conversación se toca el tema de Mahler. El organista dice que su sinfonía preferida es la segunda llamada "Resurrección" y enseguida le hace notar a su interlocutor el hecho de que el tema de la conversación resulta coincidente con el lugar en que él se encuentra en ese momento, porque en Klagenfurt está el lugar donde Mahler hizo edificar una cabaña a la que se retiraba para componer su música, entre la que se cuenta también su 8ª Sinfonía.

No se ha oído decir que en la vida de Mahler haya ocurrido un prodigio como ese. El protagonista de una tal experiencia declara entonces: Mi relación con los grandes es imperceptible. Ni ellos mismos son conscientes de que parte de su ser dialoga en sueños con un desconocido. Esta desproporcionada relación es algo logrado por la fuerza de la fe de la parte menor de esta asociación, esto es, la más pequeña, la que provoca al grande para llamar su atención.

Un judío vienés llamado Víctor Krüger fue secretario de Mahler durante algunos años. Huyendo después de la persecución nazi se refugió en Chile. Lo conocí allá por los años cincuenta. Era una novela viviente de las postrimerías de esa "Viena ciudad de mis ensueños". Recordaba haber dirigido la ópera "Cosi fan tutte" de Mozart con la partitura original del compositor en el teatro de la Ópera Popular de la capital austríaca. Recuerda haberse encontrado con Johannes Brahms cuando niño, mientras ensayaba en su violín las "Danzas Húngaras" del compositor alemán, frente a la ventana en una mañana de primavera. Su padre era uno de los médicos que atendían al emperador, y lo acompañaba a su residencia de veraneo, alojándose en una cabaña que había al fondo del parque imperial. Brahms de visita a la corte, paseando por el parque pasó bajo su ventana cuando el pequeño Víctor Krüger estudiaba sus ejercicios de violín. Al terminar la ejecución de una de las "danzas húngaras", oyó unos aplausos en el jardín. Se asomó y vio a un hombre grueso y rosado de rostro, de abundante barba blanca como Santa Klaus, quien le preguntó "¿sabes quién compuso eso que estás tocando?". El niño respondió que el Señor Johannes Brahms. Entonces el hombre le dijo: Ese soy yo.

De Mahler recordaba innumerables anécdotas documentadas con cartas y fotografías. Krüger estaba presente en cierta ocasión en que Mahler, después de un ensayo agotador de una ópera de Wagner, salió un momento a descansar a su camarín. El tenor, con quien había tenido varios enfrentamientos muy violentos durante el ensayo, vino a golpear la puerta y Mahler que estaba alterado, al verlo aparecer, sacando fuerzas de no se sabe dónde, lo cogió por el cuello de su chaqueta y los fundillos y lo lanzó escalera abajo, causándole algunas lesiones. Después se echó a llorar desconsoladamente como un niño, diciéndole a Krüger que él era un hombre condenado anticipadamente ante el juicio de Dios.

También Krüger recuerda haber estado al lado de Mahler en un ensayo de la orquesta filarmónica de Viena, y que éste en un momento inesperado interrumpió el ensayo y dijo a los músicos que se tomaran una hora de descanso. Al cabo de esa hora volvió con el rostro sonriente y cuando se disponía a reanudar el ensayo les dijo: ¿Saben qué hice durante este recreo? Me casé con la señorita Alma Schindler.

Entre las fotografías que Krüger me mostró había una que él le tomó a Mahler pocos años antes de su muerte. En ella se ve al compositor pasando por la calle frente a la fachada del teatro de la Ópera Real de Viena. La toma es un poco de costado. Su rostro vuelto hacia la cámara sonríe y con su mano hace un saludo a distancia. Esa fotografía me fue obsequiada por Krüger y yo en un momento de afecto inusitado por mi amigo Tomás Lefever, (el compositor) se la regalé. Que ahora esté en manos ajenas no le resta al hecho su significación real. Ese caminar, ese tránsito que conduce a Mahler más allá del edificio de la Ópera, ese saludo a distancia, todo eso es parte del prodigio. Él sabía a quien estaba saludando entonces sin hacerlo consciente. La llamada del Kapelmeister de Klagenfurt inmediatamente después de haber puesto por escrito la experiencia del eco antes descrita lo confirma.

18

DEL ACTO DE COMER

Las comidas, en familia o en grupos de amigos, son celebraciones.

Iniciados por el chamán cazador, los hombres desnudos voltearon su presa en la sabana. Fue el fruto de un sentimiento colectivo que capturó de antemano el alma del animal en un diseño mágico. Lo comieron en el círculo ceremonial. Primero los hombres, después de ganada la guerra de los sexos. Enseguida la mujer que lidera a sus otras hermanas golpeó la palma de su mano izquierda con el dorso de su derecha y dijo: "Do, do, do me nie". Entonces pudo tener acceso a las presas reservadas para ellas.

Después de engullido el animal agradecen al espíritu el hecho de conceder tales poderes a los hombres. Cantan imitando su grito en la caverna. Lo honran aplicando colores a su silueta incisa en la pared rocosa.

El alimento es la vida del hombre que el Cielo le oculta para obligarlo a salir fuera de sí hacia al aire y la extensión de la tierra. La carrera lo fortalece.

Correr al ritmo del tiempo, y correr al ritmo de los propios pies. Los hombres que dejaron de correr dejaron también de danzar y de agradecer. El azar es ahora el único misterio que acepta y fascina a quienes han excluido todo misterio de su vida. Son los que sólo corren al ritmo del tiempo sobre una extensión mental interminable, para acabar siendo devorados por su propio padre, Kronos.

Correr para comer, y correr para ser comido. No huir, avanzar a la velocidad del pensamiento hacia donde el sufrimiento de pensar toca a su fin.

Zeus le ocultó al hombre su vida, decían los griegos, refiriéndose al alimento que el hombre debe procurarse esforzándose por hallarlo.

El paraíso de la Torah hebrea inicialmente es comida: "Mirad, os entrego todas las hierbas que engendran semilla sobre la faz de la tierra; y todos los árboles frutales que engendran semilla os servirán de alimento". (Gn: 1-29).

La vida y la muerte también son, en la Torah, árboles de fruto comestible. Comiendo de uno se vive para siempre; comiendo de otro se muere irremisiblemente.

En la primera de las cartas a las siete iglesias que figuran en el Apocalipsis se dice que al que persevere hasta el fin, se le dará a comer del árbol de la vida que está en el paraíso de Dios (Ap: 2- 7).

Comer y conocer es semejante a saber y gustar.

En el evangelio de Juan se dice que Jesús ardía en deseos de comer la Pascua con sus discípulos. Seguirle implica comer su carne y beber su sangre. El término de todas nuestras desgracias es una cena a la que Iahvéh nos invitará según lo anuncia el profeta Isaías, y en la que se describe hasta la calidad de las carnes y de los vinos que se consumirán. Lo primero que hace el padre del hijo pródigo cuando éste regresa al hogar es matar animales para comer. El primer signo que Jesús muestra de su mesianidad ocurre en un banquete y da por resultado remediar el déficit de vino de la fiesta. El pueblo lo busca para proclamarlo rey después que Él multiplica con su palabra los panes y los peces de las provisiones de un muchacho para dar de comer a varios miles.

Una demostración de afecto de Jesús para con su adversario Judas Iscariote fue ofrecerle un bocado untado en salsa en la Última Cena. (La prueba del amor que se equipara a la prueba del odio). No son pocas las veces que en los evangelios se dice que Jesús participó en banquetes. El rito de liberación del pueblo de Israel de la esclavitud de Egipto es una cena familiar de hombres y mujeres que se aprestan para escapar bien alimentados de las garras de un tirano. Iahvé beneficia a su pueblo errante en el desierto con trigo celestial y codornices. La tierra prometida mana leche y miel. Cuando los judíos que Schindler logró liberar del holocausto se encontraron con el primer soldado ruso después de la rendición del ejercito alemán, el soldado les dijo: "Han sido liberados por el ejército soviético". Entonces Isaak Stern que los lideraba le respondió: "Necesitamos comida".

La fraternidad de los que comen juntos es tan antigua como el mundo. Los ritos de los chamanes cazadores fundaron el círculo de los comensales en torno al fuego. Los que comen la carne de un mismo animal quedan ligados por la integridad del cuerpo desintegrado, representado por su doble invisible inmerso en la oscuridad de la caverna. Los que comen la carne del cordero pascual la noche de la liberación de Israel, quedan ligados por la osamenta no quebrantada de la víctima del sacrificio. Los que concurren a la Cena del Señor quedan ligados por la integridad de la víctima divina resucitada cuyo símbolo inscriben en la pared oscura de la catacumba.

Con platos de oro, manjares y candelabros, el duque de York ofreció en su castillo una gran cena para retribuir numerosas atenciones que había recibido de la mejor gente del país. Entre la numerosa concurrencia de aristócratas que asistió se hallaba el Maestro y sus discípulos, invitados a insinuación de

Charles, el heredero, quien además era hippie. Como el plato de fondo era ciervo y el tema de conversación los deportes, el Maestro interrogado al respecto respondió: "en la cacería del ciervo el Hijo del Hombre no lleva botas ni chaqueta roja, porque siempre está de parte del ciervo"; lo cual causó una gran contrariedad al duque y sus nobles comensales, todos cazadores de ciervos y otras inocentes criaturas. Al término de la cena Charles y su banda juvenil se acercaron al Maestro para felicitarlo por haberle tapado de esa manera la boca al duque y a su cámara de lores, pero el Maestro, tomándolos aparte les dijo: "Muchachos, en la cacería del ciervo el Hijo del Hombre no lleva botas ni chaqueta roja porque Él es el ciervo"; lo cual causó una gran contrariedad al joven hippie y a toda su banda juvenil…

Tener un animal totémico por ancestro del clan significaba que el rasgo distintivo del carácter de los hijos del clan se simboliza con el tótem. El tótem de los cristianos es un cordero, es un pez, es un unicornio. Pero no es así que el descendiente del tótem siente lo que concierne al culto ancestral. Los soberanos de la dinastía Yin de China, en el segundo milenio antes de Cristo, decían descender de la golondrina oscura. Una verdad dotada de mayor poder que todas las conclusiones a que podría llevarnos la moderna antropología. Las preguntas que podríamos formular al respecto no apuntan al tótem y su descendencia humana, aunque así parezca, sino a la figura de nosotros mismos que en esas preguntas proyectamos. Somos los exiliados del misterio y de la poesía. De ninguna golondrina podríamos nosotros descender, y el que así lo creyera sería declarado oficialmente un insano. Hoy todos nacemos en una clínica.

19

DE LA MADRE Y EL HIJO

La madre ama, cuida y alimenta, por eso el hombre tiene dos, la telúrica y la humana. El cuidado y el alimento es lo específico de su actuar; el amor es el fundamento cósmico de sus actos. Hay mujeres que se sorprenden del sentimiento que en ellas se despierta después de dar a luz por primera vez. Hay una inteligencia silvestre en ese amor. Pero mientras se desarrolla en el niño la función consciente la madre incurre a veces en actos de violencia involuntarios, como si su amor fuese interrumpido por un lapso de desamor. La criatura entonces es inexplicablemente rechazada.

En una concentración de pingüinos en la Antártida, una de las hembras después de dar a su cría un trozo de pescado, lo picotea con violencia en la cabeza, varias veces. El pequeño entonces se aleja de la madre agresora para incursionar en terrenos que le son desconocidos. La madre lo pierde de vista pero puede reconocerlo a la distancia por el solo timbre de su graznido. La sensibilidad del pingüino para distinguir el matiz vibratorio del graznido de la cría es superior a la audición humana. (Proporcionalmente, el público ordinario oye muchos menos sonidos que los que debiera oír en una sinfonía de Beethoven).

Cuando el niño llega a la edad en que adquiere eso que se llama uso de razón, la madre dialoga con él, le da órdenes, le pregunta y le explica cosas, y escucha con atención su pequeño discurso irregular, entrecortado y vacilante. Pero un día, igual a cualquier otro, algo cambia en la actitud de la madre hacia el hijo, aunque en apariencia todo sigue igual. Después de dar de comer a su hijo un trozo de pescado, le dice: Tú no eres hijo mío, yo te recogí cuando eras una guagua en una población de los cerros de Valparaíso. Yo te estoy criando y educando para cuando tengas la edad, entonces tu verdadera madre vendrá a buscarte.

El niño escucha atónito esas palabras de su madre, mientras en el fondo de su ser parecen resonar de una manera diferente. Cuando mi verdadera madre venga a buscarme espero que al enfrentarte a ella estés a su altura.

El incidente se repite dos veces más en el curso de los meses siguientes, a pesar de las lágrimas del niño y del tierno consuelo de su madre quien le hace saber después –no de inmediato– que todo lo que le ha dicho es broma.

El niño ha escogido un lugar secreto en el jardín de la casa donde se retira, sin que nadie lo vea, para pasar la pena. No llora pero algo le oprime el pecho y le anuda la garganta.

Él tiene ahora cincuenta años. Es profesor universitario. En el país gobierna un dictador. Algunos profesores y alumnos de la universidad no han vuelto a su casa desde hace meses, desde hace años. Son detenidos desaparecidos. Nada se sabe de ellos. Él sufre y hace lo que puede por ayudar a los perseguidos del régimen. Pero su aporte debe realizarse conforme a sus aptitudes. Él siente que debe estar presente allí donde su corazón se lo pide, y su corazón mira hacia Valparaíso. Se propone fotografiar la ciudad entera. Quiere rescatarla de su cautiverio; quiere limpiar sus calles de todo lo que recuerde los tiempos que se están viviendo; quiere mostrar a su gente en sus moradas como si la maldición de los nuevos tiempos no hubiese caído sobre ella. Es una manera de vagar en busca de sí mismo; es una manera de airear su aflicción. Toma fotografías en blanco y negro; le parece más dramático de ese modo. Porque su drama al fin de cuentas no es sólo histórico, es también espiritual. Con dictadura o sin ella el Valparaíso de su infancia está hecho una ruina; pero una ruina grandiosa, y él quiere incursionar en ese imperio cuya grandeza es sólo un recuerdo. Es otra forma de grandeza que él nunca ha conocido. La dictadura lo empuja hacia esa grandeza, la de aquellos que nunca han aspirado a ninguna forma de grandeza.

Pega sus fotografías en un álbum de gran tamaño y escribe algo al pie de cada una.

Al pie de una panorámica del Cerro Cordillera aparece la siguiente leyenda: "Viento puro, aire de Abril; soleadas pálidas de Junio, con un algo en las entrañas que no se resuelve".

Bajo la fachada de una misteriosa casa antigua construida en la pendiente de una quebrada escribió este párrafo: "Cuerpos conformados por la hiedra, en estas escalonadas áreas. No podría uno decirlo ni adivinarlo; uno sólo conoce ciudades aplanadas por la calva inteligencia, donde el oficio veloz del pensamiento no alienta el dulce juego de vivir".

Frente a otra panorámica de profusa construcción antigua en el Cerro Toro, aparece la siguiente leyenda: "No puede uno decir si es sonido o es silencio el rumor evanescente de quebradas que sube por el aura del crepúsculo".

La fotografía de una calle sombreada por casas antiguas con galerías a ambos lados lleva al pie esta leyenda: "Diríase que yo vagaba por estas calles empinadas buscándola por barrios derruidos, porque siendo niño se me dijo que mi madre verdadera no era mi señora madre".

Contra todo lo que le han dicho que le puede pasar en esas incursiones al corazón de la pobreza, él vaga por esos mundos como quien entra desarmado al combate y va por los caminos sin temor al tigre ni al rinoceronte (Lao Tse). Pero a pesar del riesgo evidente, nada malo le ocurre. Llama a la puerta y le abren. Pide permiso y lo dejan pasar. Con una amable sonrisa lo invitan a sentarse y a descansar. Se le ofrece algo de comer. Se enhebran largas conversaciones. Viene la sopa caliente. Y lo sucedido sigue sucediendo. No se ha conversado de nada especial, pero su felicidad es grande. Es como si hubiese accedido a un espacio de humanidad donde toda tensión del ánimo toca a su fin.

La señora que lo acoge en su casa se llama Leonor. Debe estar próxima a los setenta años. Lo recibe amablemente y le ofrece algo de comer. Después de esa visita él escribe un texto que él llama "De como comerle la comida al pueblo".

El colectivo en que ella vive se halla en un estado algo ruinoso, aunque se echa de ver que en otros tiempos fue una construcción magnífica. Es todo un mundo de humanidad y dolor, de bondad y brutalidad, es algo de una belleza trágica, grandiosa. Las mujeres de la generación de doña Leonor conocieron la población en sus tiempos de gloria, cuando doña Juana Ross de Edwards la donó al sindicato de estibadores del puerto de Valparaíso. En la puerta principal hay una placa conmemorativa. Fue inaugurada por el presidente Federico Errázuriz Echaurren en 1898.

Cuando él agradece a la señora Leonor su gentileza, ella lo mira con una expresión entre dudosa y sonriente y le dice; Señor profesor ¿sabe lo que se me ocurre? Que usted y yo somos parientes. Él la queda mirando atónito, y después de una pausa le responde; Y ¿sabe usted lo que se me ocurre a mí? Que yo he estado antes aquí hace muchos años. Y en efecto, él así lo siente inexplicablemente.

Ahora se ha hecho un hábito el visitar a doña Leonor. Hay algo que él piensa de ella y algo más que le ronda en la cabeza. Va a ver a su hermana y le pregunta derechamente si él es hijo de la misma madre que ella. Ella se burla de él.

En casa de doña Leonor hay ahora una señora que la ha venido a visitar. Ambas hablan delante de él de cosas de la población. De pronto la visitante dice dirigiéndose a la dueña de casa: Perdone señora Leonor que le pregunte, el caballero ¿es hijo suyo? Ella sin vacilar responde: Sí es hijo mío, y sigue conversando como si nada. Pero al cabo de unos momentos se rectifica: Él me dice tía por respeto, porque a mí se me ocurre que somos parientes.

En esa ocasión él sale varias veces del pequeño departamento de doña Leonor y mira desde el tercer piso el interior del edificio con su patio abajo y sus galerías atestadas de ropas colgadas, con piso, baranda y pilares de hierro.

Se imagina viviendo ahí, y algo le oprime el corazón y le anuda la garganta. Toma fotografías notables. Una niña de la población, de unos siete años y linda cara, al verlo ir y venir con su cámara, subir y bajar escaleras, le pregunta: Caballero ¿Usted es joven? Él se conmueve con la pregunta y le regala a la niña un billete de mil pesos.

Una tarde de invierno doña Leonor lo llama por teléfono a su casa de Santiago. Ha venido a la capital a hacer una diligencia y quiere visitarlo. Ella entra en su casa, se sienta en un sofá ancho del living. La pobladora de Valparaíso mira atentamente el lugar en que él vive con una leve sonrisa en su rostro pero sin comentar nada. Luego pregunta por su madre. Él va a la sala de costura donde su señora madre se refugia para pasar el frío, y le dice: Venga a ver a esta señora de Valparaíso que quiere conocerla. Es una persona humilde, si usted no viene a saludarla ella se va a ofender. La madre entra en el living y saluda a la extraña con una sonrisa. Conversan sobre Valparaíso. La madre exhibe su tipo nórdico de grandes ojos azules. Bien vestida como siempre le gustó lucir. El contraste es impresionante.

Sin hacerlo él consciente ya resuenan en el fondo de su ser esas viejas palabras soñadas en la infancia: Cuando ella venga a buscarme espero que estés a su altura… Y él se pregunta ahora si realmente su señora madre va a estar a la altura de la situación… Ella le responderá enseguida sin que la pregunta haya sido formulada.

Con sus grandes ojos azules mira fijamente a la extraña y le dice: Así que usted es la señora Leonor… Sí señora, responde ella con humildad, yo soy. Bueno, prosigue ella, escuche bien lo que le voy a decir, cuando yo muera, ahí tiene a su hijo…

Cuando la madre, no obstante su avanzada edad, conserva plenamente aún eso que se llama uso de razón, su hijo dialoga con ella, le pregunta y le explica cosas y escucha con atención su discurso a veces vacilante. La sabiduría que le dio la experiencia de vivir está presente aún en sus palabras, pero se expresa de un modo parco e inseguro. Hablar la cansa un poco. Interrogada esta vez por su hijo la señora madre no puede dar razón de su proceder, pero no porque no pueda decir con palabras lo que su hijo espera que ella le explique, sino porque no recuerda haber dicho nada semejante a lo que su hijo pretende que ella dijo. Él entonces no insiste más. Aparta de ella la mirada y deja las cosas en ese suspenso inexplicable. Pero a él algo le oprime el pecho y le anuda la garganta.

La hembra del pingüino maltrata a su pequeño para fortalecerlo. Él huye de la madre agresora buscando refugio en lugares que no le son familiares, como ahuyentando el fantasma que pudiera hundirlo en la aflicción.

Cuando la madre humana rechaza involuntariamente a su pequeño hijo lo hace para que él incursione en otras zonas del espacio. Por eso él niño encuentra un lugar secreto en el jardín donde pasar su pena. Ese lugar es su primer espacio propio. Lo ha hallado con dolor, pero es su espacio.

Cuando la madre humana rechaza a su hijo diciéndole por broma que él no es hijo suyo, lo hace también movida por una premonición. Ella presiente que él no resultará ser el hijo que pueda colmar las expectativas que ella ha concebido en relación a él, y desde ya, simbólicamente lo deja ir: Tu madre es otra, tu sangre es otra, tu destino es otro.

Cuando la madre sin sopesar lo que dice le entrega su hijo a una extraña, aunque sea sólo de palabra, transforma a la extraña en un símbolo. Pero eso no lo hace ella, lo provoca él mentalmente sin proponérselo. En este caso el hijo fue entregado a la madre indígena. Desde entonces nació en él el interés por los pueblos originarios de su país[1].

---

[1] Aún hoy los pobladores del colectivo del cerro "Cordillera" de Valparaíso dicen que ahí el "profesor" encontró a su verdadera madre.

20

DE CHARLIE

Su madre lo lleva un día a una sala donde hay mucha gente reunida y sentada en butacas. Señoras como ella y niños como él. Han llegado con mucho tiempo de anticipación a la hora prevista para la función. Ella le dice entonces que teme que él se aburra en ese lugar. Pasa un cuarto de hora en medio de la agitación y la gritería de los otros niños, pero él permanece tranquilo mirando, sólo mirando. Luego tira de la manga de su madre y le dice: Mamá, mamá, ves que no me estoy aburriendo. Ella ríe y lo acaricia. Tontito, le dice, no es para esto que te traje aquí.

Luego la sala se oscurece y comienza la función. Él no ha visto nunca imágenes proyectadas y está deslumbrado con las primeras que aparecen en la pantalla, que son sólo letras, más una música de piano que alguien toca en alguna parte del recinto oscuro. Es el cine Rialto de Viña del Mar de estilo "Art Nouveau". Murallas color crema, con contrafuertes color calipso. Al centro de cada tramo del muro, lámparas de vidrio empavonado en forma de triángulo agudo invertido.

Cuando terminan de aparecer las letras se ve a una señora muy parecida a su madre (Edna Purviance), y tanto que él después se lo hace notar. La señora viste elegantemente y tiene en su cabeza un sombrero ancho. Lleva en sus brazos una guagua y se pasea inquieta de una lado a otro en una plaza de grandes árboles. Luego se acerca a un automóvil semejante a los que circulan por las calles de Viña del Mar, abre la puerta trasera y deja al bebé en el asiento de atrás. Cierra la puerta y se va a sentar en un banco de la plaza con una cara muy triste.

Luego unos hombres con cara de malos roban el auto y huyen a toda velocidad, levantando mucho polvo en el camino. Sin saberlo se han llevado también al bebé que la señora dejó tendido en el asiento de atrás. Por el llanto lo descubren los ladrones, y por los gestos que hacen se entiende que están muy enojados, porque el pobre no para de llorar. Luego lo toman, lo sacan del auto y lo dejan botado en un rincón de la calle en un barrio donde se ven casas muy pobres y lugares muy sucios. El se apoya en los brazos de su asiento y hace un pequeño esfuerzo por situarse un tanto más alto de lo que estaba. Su madre lo observa de reojo. En la pantalla ha aparecido un hombrecito algo mal trajeado; chico, con un bigotillo minúsculo, un sombrero de hongo y un bastoncito muy delgado como de colihue. Camina de un modo divertido y hace cosas divertidas. La madre lo observa otra vez de reojo como si entendiera que el personaje que ha entrado en escena lo ha impactado de un modo especial. El hombrecito encuentra al bebé botado en la calle y se lo lleva a vivir con él y lo cuida y lo alimenta.

Luego la señora parecida a su madre vuelve a presentarse en la pantalla y con la sonrisa en los labios va a esos barrios pobres y sucios en que vive el hombrecito y regala unos paquetes con ropa y comida a unas mujeres de la vecindad. En la pantalla aparece fugazmente la palabra CHARITI. Otro día vuelve al lugar con sus paquetes y encuentra también al niño que es su hijo, pero sin saberlo.

El muchachito tiene su misma edad. La señora lo mira y sonríe; el niño también sonríe. La madre sentada en la butaca del lado lo observa de reojo, ocurre que él también sonríe. La señora elegante le regala al niño un osito de peluche. El niño no sabe que esa señora es su mamá, pero él si lo sabe porque ha visto la película desde el principio, y la escena le oprime el pecho y le anuda la garganta. Del desenlace de la historia no recuerda nada más. Sólo eso se grabó en su memoria. Pero el hombrecito del bastón de colihue y sombrero de hongo se quedó con él toda una vida.

Cuando él se alzó de su asiento para ver mejor al personaje ocurrió el mutuo reconocimiento. Como en la película "La Rosa Púrpura del Cairo" de Woody Allen, el personaje causa un tal impacto en el espectador que accede a devenir real para él. Se sale de la pantalla y se hacen amigos. Después el tiempo hará su obra, esto es, acercarlos el uno al otro al punto de establecer un diálogo entre ambos, breve pero contundente…

Entretanto él, con unas tijeras, recorta la figura del hombrecito que aparece en una revista llamada Cinelandia. Lo hace caminar sobre su cama al amanecer. Después su madre le regala un títere de cartón con la figura del hombrecito. Ella le enseña como hacerlo caminar y bailar.

Ahora él esta en París estudiando música. De vez en cuando tiene pausas mentales en que pierde la noción de lo que le está ocurriendo. Vive muy po-bremente. Sale a caminar por los muelles del Sena, recorre la calle Monsieur Le Prince hasta el boulevar Saint Michel. Se toma un café en La Coupole. Conversa con otros chilenos aventureros que merodean por el barrio latino, algunos de ellos eternos becados que nunca asisten a clases.

Un día cualquiera, en un quiosco de diarios ve el rostro de su héroe en la tapa de la revista Paris Match. Es el rostro del actor, no el del personaje. Se le ve avanzado en años. Tal vez tenga más de cincuenta. Su actitud es pensativa y melancólica. Es un hermoso retrato, conmovedor para el que lo está mirando, tanto más cuanto que en un recuadro pequeño en el costado derecho inferior de la tapa de la revista está el hombrecito del sombrero de hongo y del bigotillo. Se entiende que el fotógrafo combinó ambas imágenes para sugerir que el actor está pensando en su personaje con nostalgia, pues hace ya muchos años que lo dejó atrás. Ese sentimiento o algo semejante se apodera de él y recuerda lo que sintió cuando el hombrecito recogió al bebé abandonado en la calle y se lo llevó a su casa a vivir con él. Entonces él, mirando fijo la imagen que tiene al frente le dice: "Hoy, tú y yo hablaremos".

En la tarde de ese día el estudiante de música ya ha logrado franquear la mayor parte de las barreras del destino que lo separaban de su héroe. Ahora se halla en el hall de entrada del hotel Ritz en la place Vendôme. Lo acompaña una señora alta de aspecto distinguido y opulento llamada Suzanne. Ella es condesa, amiga del director del hotel y de la señora María Edwards de Errázuriz, a quien él recurrió buscando los contactos necesarios para lograr su cometido. Se ha puesto su mejor traje y casi parece un caballero, sino es porque normalmente se lo ve con aspecto de hippie.

En la plaza hay diez mil personas aclamando a "Charlot". El actor ante el clamor de la multitud consiente en aparecer en el balcón central del edificio y hace señas con la mano derecha. Se oyen aplausos y gritos.

Algunos instantes después él hace consciente el hecho de que se encuentra bajo el mismo techo que él. Luego se presenta el director del hotel y saluda a madame con un besamano y a él, que le es presentado por la dama. Enseguida el director abre la puerta de una sala donde se realizará una conferencia de prensa por el estreno en París de la película "Candilejas", y les permite entrar antes que a los periodistas, por eso aprovechan el privilegio que se les concede para situarse exactamente frente a los micrófonos donde el actor será entrevistado.

Después de una cierta agitación los periodistas entran en tumulto y se apresuran a ocupar en la sala los mejores puestos. Al cabo de unos minutos el actor hace su entrada en la sala. Todos los presentes se ponen de pie y lo aclaman. Un maestro de ceremonia, encargado de dirigir la conferencia, saluda y da la bienvenida al personaje y le anuncia que ha sido nombrado caballero de la Legión de Honor. El actor agradece el homenaje

El joven estudiante chileno no puede creer lo que está viendo.

La conferencia comienza y él puede percibir la semejanza que la voz del actor tiene con la de sus primeras películas sonoras. Recuerda la canción "Titina" cantada en Tiempos Modernos y los discursos del dictador Hinkel.

Cuando se ha hecho a la situación y apaciguada su emoción, se arma de coraje y levanta la mano para indicar al conductor su deseo de formular una pregunta. La pregunta le es sugerida por el recuerdo de la fotografía que vio en la tapa de la revista Paris Match… ¿Mrs Chaplin, volverá usted a filmar otra película con su antiguo personaje?

El títere de cartón está bailando frente a sus ojos, pero el hombre, por su avanzada edad, ya no tiene el aspecto de su Charlie y su cuerpo ha perdido la elasticidad que le permitiría realizar una actuación acrobática como las de sus películas mudas. La pregunta es inútil, él lo sabe pero lo que quiere es que ambos hablen de él aunque sea por un breve tiempo. El milagro ocurre. El actor mira a su interlocutor fijamente mientras él se apoya en los brazos de su silla haciendo un esfuerzo por alzarse un tanto más alto de lo que estaba. La dama elegante que tiene a su lado lo mira de reojo. Después, el interrogado baja la vista e inclina su cabeza blanqueada por los años en la misma forma en que le fue tomada la fotografía de la tapa del Paris Match, vista en la mañana de ese mismo día. Después de una pausa, y sin mirar hacia ninguna parte, como quien habla consigo mismo dice: "Cuando yo era muy joven encontré a ese hombrecito en una angosta callejuela de Londres. Caminé una vida entera junto a él, pero no sé cuándo ni porqué lo perdí de vista e ignoro si en el tiempo de vida que me resta lo volveré a encontrar".

Mi relación con los grandes es imperceptible, ni ellos mismos saben que una parte de sí mismos dialoga en sueños con un desconocido.

21

DEL EJÉRCITO DE TERRACOTA

El único imperio no imperialista, la única civilización no civilizada, fue el imperio chino, por eso en la China imperial el arte y la ingeniería se confunden, la sabiduría y la poesía son una mismo cosa, el destino y el sentido no difieren, la vida y el juego se desarrollan simultáneamente.

Hay un camino del cielo y un camino del hombre. Abrir el camino del cielo es dejar entrar la luz y la vida. Abrir el camino del hombre (y no el del cielo) es dejar entrar al bandido (Se Ma Tsien). El pueblo que tiene presente estas cosas resiste la acción devastadora del tiempo.

Pero los chinos modernos, al tomar de occidente una ideología para orientar sus destinos no recibieron lo mejor que los cristianos podían ofrecerles. El proyecto revolucionario no se llevó a cabo en China tanto en vista de la justicia como del progreso. Por eso la nación China hoy yace sumida en la misma locura que la sociedad europea y americana.

La verdadera China yace oculta bajo la tierra.

Así como el pensamiento del hombre paleolítico se sepultó en la oscuridad de sus cavernas, la China imperial dejó que su grandeza cavara hondo en su territorio para proteger hasta hoy de la mirada y del toque profanador del hombre global los tesoros de su cultura, hasta que el orgullo nacionalista creciera más alto que la ideología oficial. Achatar el orgullo de Europa y Norteamérica con la Gran Muralla, la Ciudad Prohibida, y los bronces de Yin y de Han, es algo que cuenta en el tráfico de la imagen. Poder oponer la ciencia del Kung Fu al matonaje yankee es algo que confunde a los admiradores del campeón anglosajón.

Fueron pobres campesinos atemorizados los que desenterraron con sus útiles de labranza los primeros ejemplares del ejército de terracota. Pero ellos entendían más de magia que de arte, por eso los demolieron a martillazos. Esos seres subterráneos parecían ascender desde el subsuelo del mundo como un signo de mal agüero que los aterrorizaba.

La voz se corrió sin embargo, y luego llegaron al lugar los arqueólogos con sus espátulas y brochas polvorientas para liberar cuidadosamente de un tierral milenario acumulado, a la guardia personal del emperador Che Hoang Ti.

Al cabo de un difícil y delicado trabajo de restitución el mundo fue informado de este batallón de soldados apuestos y aguerridos que encuadran un cuerpo de guardia fiel en posición vigilante. Debemos concluir que son temibles, aunque su parada carece de la rigidez cadavérica del nazi y del marín. Distintos unos de otros; retratos de hombres de la etnia Han y otras de bárbaros afiliados al imperio.

Unos ocho mil hasta la fecha son los desenterrados. Su estatura media es de un metro ochenta centímetros. La pintura que cubría la arcilla de sus cuerpos se ha descascarado. La irregularidad de las manchas en sus rostros imperturbables los aproxima a la estética de estos tiempos descascarados por el fuego de la ira, aunque está claro que nadie podría hoy realizar una obra de arte bélico como ésta.

El ejército de terracota es magia sepulcral. El último refinamiento de la arcilla modelada desde los tiempos de la caverna paleolítica.

El gran canal que atraviesa las provincias de este imperio es la vena acuática que las une. Un gesto del poder del soberano que responde en el mismo lenguaje al don del cielo que son sus grandes ríos. El canal es una maqueta mágica para el control de las aguas abismales que siempre están amenazando el territorio con un nuevo diluvio.

El ejército de terracota hecho para no ser visto nunca por nadie es un prodigio que confunde nuestras mentes en sus metas y propósitos, como confunde a nuestros músicos el juego de campanas de bronce labrado hallado en la tumba de un príncipe. El instrumento musical más hermoso jamás fabricado, para que nadie lo haga sonar nunca y su música sólo en estado potencial glorifique al silencio.

El ejército de terracota es un monumento oficial, institucional, pero eso no menoscaba su estética. El capricho de un soberano de mano férrea como Luis XI de Francia, unificador del reino por la manipulación y la astucia. El primer arrasador de la cultura doctrinal, el primer Fahrenheit que reduce los libros del pasado a cenizas para inaugurar un tiempo sin memoria. La grandiosa arbitrariedad del que no teme al soberano del cielo, ni al Dios de los hebreos, ni al de los mapuches que podría lanzarle su hacha de fuego desde el cielo.

Pero es una de las tantas creaciones inútiles de una cultura que nunca separó la vida del juego de vivir.

La misma reverencia con que miramos la vaca gigante de la cueva de Lascaut o el bisonte de Altamira, consagrados a la oscuridad y al silencio que nos transfiere a lo desconocido, nos posee cuando miramos el porte digno de estos hombres cuyo oficio fue el rito de las armas. Pero alguien los despojó de ellas, y los dejó en la situación del que entra desarmado al combate, lo que acrecienta el numen de su presencia, que sin el apoyo de la lanza ni la espada parece sostenerse sólo en la fe. El pecado de quien tuvo la osadía de desafiar de tal manera al cielo parece haber sido expiado en la paciencia.

Pero el pueblo sabe, aunque no aprecie el refinamiento aristocrático. La temible legión de los que marchan o velan fuera del tiempo en los escuadrones del silencio, exhibiendo en el solo gesto de sus manos vacías los virtuales instrumentos de la muerte, muestran a los hombres que los miran aquello de lo que nadie debiera enorgullecerse. El despojo de que han sido objeto por la emergencia de una sedición, no cambia su parada marcial y aristocrática. El pueblo campesino los repudia con el martillo en la mano, pero el soldado moderno frente a ellos sufre el malestar de no ser más que un experto en técnicas de aniquilación humana que ignora el rito caballeresco del que tiene raza y espíritu en sus entrañas.

Pero la simultaneidad de este descubrimiento con el desarrollo de la China industrial no escapa a la mirada de algunos asesores confidenciales de las potencias occidentales. El poder por sí mismo no entiende; siempre tiene su entendimiento diferido. Cuando llega a entender es un entendimiento que llega a él desde afuera, que viene a socorrerlo en su ceguera, para abrirse a la inteligencia que no puede despejar por sí mismo. Ronald Reagan se hace invitar a la Republica Popular. En su agenda incluye una visita al museo del ejército de terracota. Pero pide, como un favor especial, que se le permita mirar a los soldados in situ, tocarlos, convencerse husmeando en su frialdad estacionaria el hecho de que ahí están para inquietarlo. Algo que otros como él temen oscuramente. Igual cosa ocurre con cierto tipo de chino que no ha abandonado el imperativo confuciano de la lucidez en la lectura del acontecer. Para ellos el hecho no es tan simple como lo juzga el arqueólogo y el historiador desde su especialidad.

Ocurre que la figura del destino que instala esta guardia imperial a los ojos de quienes no han perdido esa lucidez, son tres trazos quebrados en el trigrama superior y un trazo entero entre dos quebrados en el trigrama inferior. Esto es, agua subterránea (hexagrama El Ejército). El elemento peligroso y abismal bajo la firmeza de nuestros pies. Los piélagos de profundidad, quietos en los subterráneos del mundo, como espejos en los que nunca nada se reflejará, cuando lo que ha estado oculto en las entrañas de la raza emerge a la luz del día.

Reagan ha sido advertido, tanto como los que detentan el poder en esta República Popular. Pero ellos no pueden negarle al presidente de los Estados Unidos lo que ha pedido, y lo dejan circular por entre los guerreros impávidos hablando banalidades y haciendo chistes de mal gusto. El se hace acompañar por su fotógrafo oficial y ya todo está convenido entre ellos. Lo que debe hacer lo hará al pasar, sin que los personeros chinos tengan tiempo de reaccionar. Reagan se aproxima entonces al soldado ya visto en tarjetas postales y reportajes, aquel a quien le falta la cabeza, y sin más se pone detrás de él y asoma la suya por sobre los hombros del guerrero. El fotógrafo cumple su cometido y el asesor confidencial también. Reagan es visto así en todos los diarios y revistas del mundo. La exclusión de otros miembros de la guardia lo vuelve único a él. La magia sepulcral en su amenazante emergencia ha quedado neutralizada momentáneamente por un cliché a todo color, cuya vulgaridad no es del todo inocente.

Vencedor de su guerra fría, Reagan pretende ahora inmiscuirse en los antros aún más fríos del poder de las cosas inmóviles y remotas. Pero el poder de las cosas inmóviles y remotas proseguirá inexorablemente su obra hasta el fin.

22

DE MAO TSE TUNG

Un joven revolucionario disparó una pistola de fogueo frente a la reina de Inglaterra como señal de protesta cuando ésta pasaba montada a caballo en una celebración oficial en Londres. Otro joven revolucionario armó un escándalo en un acto oficial en París para llamar la atención de los periodistas y camarógrafos, y saltó al estrado en que se hallaba el presidente Charles De Gaulle, a quien entregó una carta. Mi relación con los grandes es de otra naturaleza, como hasta aquí se ha podido apreciar. El asunto que la motiva concierne también a la parte mayor de esta relación bipersonal en algo que le es esencial, porque los grandes a que me refiero no lo son tanto como para ver claro en todos los ámbitos de su existencia. Hay cosas tanto o más grandes que ellos mismos con las que están vinculados sin que la sabiduría de que hacen gala se las haya esclarecido totalmente. Pablo Neruda comenzó su poema sobre la ciudad perdida de los incas, Alturas de Machu Picchu, con cinco cantos que describem el horror del mundo contemporáneo. En el raudo vuelo de su retórica echó mano a grandes tópicos de la épica y de la lírica del pasado, sin darse cuenta de que su ideología política se iba volatilizando hasta dejar al descubierto el ciego lecho de los derrumbes en que yacen amontonadas las antiguas verdades. Al fin se quedó solo apretado entre la multitud de las calles espesas, acosado por pequeños roedores, buscando la "eterna veta insondable" o "lo imperecedero", o "lo indestructible" o "la vida". Solo de soledad absoluta, sin que ningún compatriota de izquierda o de derecha pudiera acompañarlo en su tragedia, ni menos entenderlo cuando declaró al mundo que "el hombre es más ancho que el mar y que sus islas". Pero en esa soledad sin eco, él respondió al llamado del desconocido que captó la real vibración de su verbo. Fue por esos tiempos que se publicó mi libro "Pablo Neruda profeta de América", y que él aconsejó a un amigo no ingresar al partido comunista chileno.

Al caso de Mao Tse Tung se le ha seguido la pista hasta donde se ha podido, leyendo líneas y entrelíneas.

Lo más importante, decía Mao, es el hombre. Hasta ahí nada nuevo bajo el sol. Luego agregaba: En el hombre, la ideología, y en la ideología las ideas vivas, aquellas que nacen de la práctica revolucionaria. Traducido al chino, puesto que es un chino quien lo dice, esas palabras se vuelven emblemas de una grafía poderosa y dinámica. El hombre de Mao es el hombre, pero no el mismo hombre de Nueva York. La ideología es ideología, pero no la misma de Moscú. Las ideas son las ideas, pero no las mismas de Platón. La práctica revolucionaria es práctica revolucionaria, pero no eso que los comunistas chilenos llaman "praxis".

No es un hecho indiferente el que las sinfonías de Mahler hayan sido compuestas en la atmósfera psicológica de una monarquía. No es un hecho indiferente el que las concepciones filosóficas de Mao Tse Tung se hayan gestado en el seno de un imperio que a la sazón enteraba doscientas generaciones. Henry Kissinger, hombre inteligente, más por judío que por yankee, sostenía que Mao cuando alzaba su figura, cara al pueblo, ostentaba en su mano derecha un libro rojo, pero que en la soledad de su cámara, en la ciudad prohibida, desenfundaba un libro celeste.

Otros han observado detalles de lo mismo pero sin saber qué hacer con la información (Snow). Mao en campaña hace ondear al viento la bandera de la dinastía Han. Mao conoce la ubicación de todas las cavernas de China y prefiere pernoctar en ellas que bajo la lona de una tienda. Mao funda el partido revolucionario chino en una barca en las aguas de un lago, en primavera. Doce miembros fundadores ofician el rito fraternal de comer juntos su pequeña gran pascua china. Mirado el hecho a distancia, desde la ribera del lago o desde otra barca, la de Mao se desplaza como un cisne por las serenas aguas del lago de la celeste audiencia al soplo de una suave brisa, hasta desvanecerse en la leve bruma matinal. El oficiante autorizado de este rito primaveral es el gran sacerdote taoísta de los templos del norte. El debe decir entonces, y en tono solemne, que el Cielo chino está agotado y que el Imperio ha de entrar en el caos de las tierras y de las aguas para que advenga al fin un orden nuevo.

De la mesa de los congregados surge el responsorio de los que, a su pesar, han de oficiar el sacrificio de parte de su pueblo: Este es nuestro cuerpo y ésta nuestra sangre que no será derramada en vano.

En esta última cena del ciclo zodiacal de la gente de Han, el Imperio ha de parecerse a una república, pero sin dejar de ser lo que siempre ha sido. El oro del dragón y el rojo de Tchou, el verde azul de Tang y el ocre terroso de Song, todo ha de volverse gris, Mao entre los doce sabe que él no es nadie, y por eso mismo sabe quien llegará a ser. Toda gran mutación surge del vacío como un imperceptible desplazamiento o balbuceo. El padre del pueblo será también su madre, aquella que lo cuida y lo alimenta. Los soberanos que desde antiguo fueron representados con ubres en el pecho en viejas vasijas y muros subterráneos, se regocijarán de ello en la tierra pura de los antepasados, Mao el andrógino es ya el longevo de los diez mil años. Con su brazo cubre el arco del tiempo que va desde el neolítico hasta la conquista del poder total. El mito de las diez edades campea sobre la ciudad prohibida.

Mao da respetuosas explicaciones de su proceder a las montañas, a los ríos, a las selvas y bestias del campo.

Una barca con las velas desplegadas se desplaza sobre las aguas de un lago, la imagen de la Verdad Interior. El trigrama superior SUN es el viento o la madera. Tal es una barca tradicional china construida de madera e impulsada por el viento que ensancha sus velas. El trigrama inferior DUI es el lago. El atributo de SUN, la suavidad, es en este caso la gentileza e indulgencia para con los inferiores. El atributo de DUI, el lago, es la alegría, en este caso, aquella con que se debe obedecer a los superiores. Tales condiciones, dice el Libro de las Mutaciones, generan la confianza mutua que hace posible el éxito.

Pero el éxito de Mao no es como nuestro éxito en las fluctuaciones del mercado. Hay sobre él una imagen (la brisa sobre el lago) que debe hacerse estatuto del cambio. Un imperio sin clases, pero no sin jerarquías, un imperio donde no podrá evitarse al fin que haya hombres superiores y hombres inferiores.

En el libro de las Mutaciones se lee lo siguiente: "El signo FU, la Verdad Interior es la representación gráfica de la garra del pájaro sobre las hebras de su nidal". Sugiere la idea de incubación. Tenemos aquí un huevo. El huevo es hueco. El poder de lo luminoso ejerce su acción vivificadora desde afuera. Pero se requiere de un germen para que despierte la vida en su seno. Es el huevo de Pan Ku el hombre primordial anterior a las diez edades del tiempo.

Mao imperturbable espera pacientemente la incubación del huevo. Este se abre al fin en el momento oportuno. De los elementos pesados y sombríos Mao hace la tierra y de los elementos livianos y brillantes hace el cielo.

Al cielo lo hace redondo para que gire, y a la tierra la hace cuadrada para que permanezca inmóvil.

La Verdad Interior significa que la identificación de la República Popular con el Imperio es algo que ocurre en las entrañas inconscientes de la sociedad. Por eso el mito del soberano poseyó enteramente a Mao. Por eso Edgard Snow vio ondeando la bandera de la dinastía Han en el campamento del líder revolucionario.

El sociólogo francés Alain Jox visita la Embajada de Chile en París. El embajador llama a su Agregado Cultural y le presenta al prestigioso intelectual francés, experto en historia y sociología china. Congenian de inmediato por

el interés común del tema. El sociólogo le dice entonces a su interlocutor que
está estudiando los aportes del taoísmo antiguo y del I Ching o Libro de las
Mutaciones, a la conducción de la política maoísta y las técnicas empleadas por
Mao en el desarrollo de su estrategia revolucionaria. Ha observado que Mao se
presenta ante el mundo con la discreta sonrisa de la Mona Lisa, que sus mejillas
se han vuelto rosadas y que su vientre se ha abultado lo suficiente como para
exhibirlo entre los pliegues de una túnica blanca como un bienaventurado de
esos que pueden ser puestos en altares con velas y varillas de incienso. Además se ha informado de que Mao no hace literalmente nada y que en ese no
obrar justamente se genera todo su poder que es absoluto, sin que el pueblo
dé muestras de fastidio de ser conducido por un tal gobernante.

Por esos mismos tiempos varias personas, especialmente mujeres, llaman
por teléfono a la embajada de Chile para hablar con el señor Agregado Cultural. El auxiliar encargado del teléfono le pasa las llamadas al funcionario,
pero éste se lleva siempre la sorpresa de que esas llamadas no son para él, sino
para el Agregado Cultural de la Embajada de la República Popular de China.
El hecho ocurre tantas veces que el funcionario diplomático chileno comienza
a reflexionar sobre el asunto tratando de auscultar algún significado.

Poco tiempo después se presenta en su oficina el pintor chileno José Venturelli con su esposa e hija. Vienen directamente de China donde han vivido diez
años. La hija aunque es chilena tiene los ojos rasgados, la cara redonda y sus
cabellos enlazados en dos trenzas. Se le explica que es un caso de mimetismo
por haberse educado entre niñas de la etnia Han.

El pintor ha realizado bellas pinturas y dibujos del pueblo chino en todas
las actividades de su existencia cotidiana, y monta una exposición en París con
la ayuda del Agregado Cultural de la Embajada de Chile. La exposición es todo
un éxito, pero el diario comunista l'Humanité ni siquiera la menciona.

El pintor vuelve a China con su familia por un tiempo breve para recoger
todas sus cosas y regresar a Chile definitivamente. Hará escala en París por
unos tres días y quiere que se vuelvan a ver en esa ocasión para hacerle entrega
de un regalo como muestra de agradecimiento por la ayuda prestada en el
montaje de la exposición. El pintor insiste en que quiere traerle algo de China,
un objeto de artesanía que sea de su agrado, muy complacido, por lo demás,
por el interés que el funcionario diplomático siente por la cultura china, y la
admiración que profesa al presidente Mao Tse Tung. El funcionario le dice
entonces que le agradecería que el regalo fuese una flauta china.

Al mes siguiente Venturelli y su familia aparecen de nuevo en la oficina del
Agregado Cultural chileno, y pone sobre su escritorio una caja forrada en seda

de un brocato precioso. La caja tiene a ambos lados cierres de marfil. Dentro hay dos flautas de seis orificios con paisajes incisos y coloreados, y poemas en caracteres azules también incisos. El que recibe un tal regalo se emociona hasta las lágrimas, y manifiesta su confusión por la recepción de un presente de tal riqueza y belleza. Se imagina que el pintor ha gastado una elevada suma para adquirir esas flautas. Pero Venturelli responde que no ha gastado nada, que las flautas le han sido entregadas sin cargo alguno, porque el regalo no es él quien se lo hace… El Agregado Cultural lo mira entonces con cara de extrañeza. El pintor sonríe y le aconseja que se siente… El que te manda este regalo, le dice, es Mao Tse Tung. El Agregado Cultural cree que el pintor está bromeando, pero éste insiste.

Fui a despedirme de Mao, le dice. Me recibió con mi esposa y mi hija. Charlamos alegremente y en medio de la conversación me preguntó si me llevaba muchos souvenirs de la China. Muchos le respondí, pero hay uno que quiero llevarme y no he podido lograrlo. Lo vi en una exposición del Ministerio de la Cultura. Son dos flautas. Dos flautas estacionales en una caja muy hermosa, y quiero llevarle de regalo algo semejante al Agregado Cultural de la Embajada de Chile en París, en agradecimiento por la ayuda que me prestó en el montaje de una exposición de dibujos y pinturas del pueblo chino…

Así fue como el nombre del funcionario diplomático chileno fue pronunciado en la oficina de Mao Tse Tung. Este dijo que ese nombre sonaba como francés. Tan francés como italiano es mi nombre, dijo Venturelli, pero ambos somos ciudadanos chilenos.

Según Venturelli, él explicó al presidente Mao la admiración que el funcionario diplomático chileno sentía por él, y su amor por la cultura de su país.

Venturelli dice que Mao llamó a un secretario a quien encargó poner en contacto al pintor con el Ministerio de la Cultura a fin de que le entregaran las flautas de la exposición. Según Venturelli, Mao le dijo entonces, dígale a su amigo que soy yo quien se las manda de regalo. Lo cual fue confirmado por la esposa quien reiteró la veracidad de lo dicho, pues ella estaba presente cuando el presidente expresó el deseo de que el regalo fuera entregado al destinatario en su nombre.

El nuevo emperador de China, como el fundador de la dinastía Han, es un campesino anónimo del norte. Viste en forma sencilla, como cualquiera de sus súbditos. Aunque tiene mucho tiempo libre, como todo buen soberano que gobierna su imperio sin actuar, no tiene tiempo para auscultar el significado del acto que acaba de ejecutar. Hace varios años que viene dialogando en sueños con un desconocido que se adelantó a otros para entrar en el círculo magnético de su ser. Mao transita del sueño a la realidad e incluye entre sus sencillos actos cotidianos esta simple transferencia simbólica. Las flautas que ha enviado de regalo son estacionales. Una es para primavera y verano, y otra para otoño e invierno. Se debe hacer en primavera y verano lo que la tradición enseña que debe hacerse en esos tiempos. Se debe hacer en otoño e invierno lo que de antiguo se ha enseñado que debe ser hecho en esos tiempos. No se hará sonar ninguna de las flautas fuera de su estación. Si se incurre en falta por descuidado, el clima puede ser alterado.

23

DE LA MAFIA

La mafia tiene un santo patrono. Como el tío de la familia del que nadie habla, ese sujeto nunca nombrado, es el magno incógnito de la mafia. Desde un remoto pasado ejerce él un imponderable poder que asegura la permanencia de los criterios y procederes que hacen que la mafia sea lo que debe ser. En su película "El Padrino III" Francis Ford Coppola, sin tocarlo ni con la punta de un cabello, alude a él en forma tan velada que nadie, ni los mismos miembros de la mafia podrían haberse dado cuenta de su maniobra fílmica. Ahí el realizador ha querido coludir a la mafia con la Santa Sede, formando un contubernio sacrílego de gran estilo, el cual, mirado al trasluz, deja al descubierto una sombra que tiene la topografía de un rostro humano, como el que se percibe en el célebre Santo Sudario de Turín. Es un rostro alargado de largos cabellos y luenga barba, un dolicocéfalo de cierta majestad, más señorial que espiritual, pero que infunde respeto hasta el temor. Si los programas de simulación digital pudieran colorear a ese fantasma nos sorprenderíamos de que esas manchas grises de variada concentración corresponden a una cabellera rubia y a unos ojos muy azules. Con esto se está queriendo decir ni más ni menos que el santo patrono de la mafia es un emperador alemán del siglo XIII de nombre Federico, nieto de otro Federico llamado el "barba roja".

En la ciudad de Asís, edificada sobre el monte Subasio, en la cima, hay un castillo en ruinas que los lugareños llaman "Il catello di Barbarosa", por eso este Federico II, de la dinastía de los Hohenstaufen, al mando de un ejército de moros intentó rescatar para su imperio la pacífica villa de Francesco "Il poverello", pero una fuerza espiritual más poderosa que su magia guerrera lo obligó a desistir.

Cuando intentó apoderarse de Asís lo hizo viniendo de Peruggia a la que sitió y conquistó pasando a cuchillo a cientos de sus defensores. Ahí dejó como reyezuelo o burgomaestre a su cuñado. Igual hizo con otras ciudades de Italia.

Era uno de los tantos emperadores germanos que opinaban que el pontífice de Roma era un fraile ridículo que debía abandonar el trono de San Pedro a la brevedad posible. Pero entre ellos éste fue el único al que la excomunión no le hizo mella, como contrariamente le ocurrió a su antecesor Enrique IV, excomulgado por el Papa Gregorio VII, quien, abandonado de todos, y segregado de la sociedad humana como un leproso, terminó muriéndose de hambre.

Federico II Hohenstaufen fue excomulgado dos veces por el Papa Gregorio IX, entre otras razones por haber intentado sojuzgar a Italia después de la victoria de Cortenuova sobre los lombardos, y pisoteado los derechos y la soberanía de la Santa Sede. La otra razón fue por no haber ido a las cruzadas alegando fútiles razones.

Federico II era rey de Sicilia la que había heredado de sus antepasados. Se alió con los islámicos, enemigos jurados del orden cristiano europeo, a quienes prometió un cuantioso botín, y con ellos emprendió la conquista de Italia con la meta de destronar al Papa e instaurar un nuevo orden. Aunque se negó a ir a las cruzadas integrando la comunidad de príncipes cristianos que luchaban contra los sarracenos, estuvo en Jerusalén, donde se autocoronó emperador de Occidente, gesto que seis siglos después imitaría Napoleón Bonaparte en París en presencia del pontífice romano Pío VII, a la sazón cautivo y humillado. Notad eso.

En todas las ciudades conquistadas, este Federico Hohenstaufen instauró el régimen del terror nombrando príncipes y consejeros expertos en la intriga, el puñal, el veneno, y los asesinatos en masa.

Formó a una generación de guerreros de baja extracción, más feroces que valientes, más groseros que dignos, quienes vendían su pericia guerrera al mejor postor. Entonces se les llamó los "condottieri" (Adolfo Hitler opinaba que Mussolini era un condottiero). El más célebre de ellos, Guidorico da Foliano, del siglo XIV, fue inmortalizado por Simone Martini. Es una figura ecuestre pintada por el maestro en un gran fresco del palacio comunal de Sienna. En esa pintura Guidorico cabalga de noche en un campo desierto y en un silencio tenso. Aunque la imagen es de por sí inmóvil y su colorido es fuerte como el de las miniaturas flamencas, se advierte que el pintor se propuso aterrorizar al observador con esa obra.

Las repúblicas italianas necesitaban a veces de los servicios de estos bandidos mercenarios. Ellos eran "los magníficos", defensores o adversarios de cualquiera causa a condición de que la paga fuera satisfactoria. Son ellos los que al término de las hostilidades decían con desfachatez a los obispos y demás clérigos de la ciudad que contrataba sus servicios: "Yo no sé que harían los hombres como ustedes sin los hombres como nosotros". Ellos tenían ascendiente sobre la soldadesca villana, experta en el trabajo sucio, ralea que en Italia, por la influencia de Federico II apareció mucho antes que en los demás países cristianos. Aleación de las artes diabólicas del príncipe alemán con la descarnada brutalidad de las legiones romanas cuya mala onda en esos siglos aún no se desvanecía del suelo de Italia. Pero, a pesar del contrato firmado y la cuantiosa paga acordada con las autoridades del burgo, a veces el condottiero, después de vencer al enemigo de la república, terminaba por suplantar al gobernante y adueñarse de la ciudad, no por ambición de poder, sino para saquearla a su antojo. Es probable también que parte del botín fuese compartido después con el enemigo, quien simulando una derrota, se retiraba a esperar su parte en un lugar previamente convenido.

En otras ocasiones en que la victoria parecía asegurada, las autoridades del burgo previniendo un probable viraje traicionero asesinaban al condottiero en cuyo honor erigían después una estatua ecuestre nombrándolo patrono salvador de la república.

Tal fue la onda que introdujo en Italia el monstruo Hohenstaufen, de la que Sicilia quedo inficionada hasta el siglo XX. La mafia moderna es lo que quedó de la radioactividad con que Federico Hohenstaufen contaminó esa tierra.

Este Federico tenía fe en sí mismo. Las excomuniones dictadas en su contra y las consecuencias que de ellas se derivaron no le restaron aliento a sus megalomanías. Aunque, en realidad no se trataba tanto de fe en sí mismo como en los medios de que él creía disponer para revertir la situación que estos contratiempos le habían causado. Algo semejante a cuando Hitler, en la esperanza de fabricar a corto plazo la bomba atómica, dijo en un discurso: "Ganará esta guerra quien posea las mejores armas". Y Federico se jactaba de poseer un arma exclusiva de ilimitado poder, la cual, según sus expectativas, más temprano que tarde, le conferiría la monarquía mundial. Esa arma se llamaba el "Santo Grial". Era el cáliz con que Jesús celebró la así llamada última cena e instituyó la "nueva alianza" en su sangre. Según la creencia de la época, la posesión de ese cáliz transformaba a su poseedor en titular, por así decirlo, de esa nueva alianza y lo constituía rey del mundo. Tal era, sin embargo, la versión cristiana o al menos "arturiana" del Grial, y es preciso hacerlo notar, porque investigaciones posteriores nos ponen en la pista de un Grial bastante diferente. Una piedra preciosa de gran tamaño; una esmeralda, según se dice, traída de la India, la cual formaba parte de una escultura del dios Shiva. Empotrada en la frente del dios indio, era algo semejante a lo que algunos llaman un tercer ojo.

En esa piedra se hallaba inscrito, en caracteres sánscritos, el código fundamental de la raza aria. Código secreto, algunos de cuyos preceptos se filtraron hacia el código de Manú. Pero en manos de europeos como Federico de Sicilia el tercer ojo de Shiva se satanizó y devino el ojo escarlata de Lucifer, cuyo nombre significa el "portador de la luz". Así, entre el cáliz de la última cena, por una parte, y el paganismo extremo del tercer ojo de Shiva, por otra, los resultados que se perciben a través del accidentado historial de Federico Hohenstaufen, es obvio que su Grial es el de la mano izquierda, tanto más cuanto que Adolfo Hitler veía en los Hohenstaufen a los antecesores lejanos del nazismo.

Atando cabos y mirando con más ojos que los que suelen usar los historiadores, la así llamada "querellas de las investiduras" que parece haber sido el motivo inmediato que desencadenó las hostilidades de los emperadores alemanes en contra del papado, estaría camuflando una inconfesada tendencia de estos soberanos de los siglos XII y XIII por descristianizar progresivamente Europa y volver a la cosmovisión y temple de ánimo del guerrero germano anterior a la evangelización. Esa sería la razón de porqué Hitler veía en los Hohenstaufen a los fundadores del orden cuya implantación definitiva en el mundo moderno, Wotan-Odin le había confiado directamente a él.

La mafia siciliana heredó sus métodos y su código de honor de lo que se llama el "camino de la mano izquierda", implantado en Europa por el rey de Sicilia en el siglo XIII. Con esa expresión se alude a una relatividad absoluta de los conceptos de bien y mal. Siguiendo este criterio el rey de Sicilia dedujo que, caminando en sentido contrario a eso que los cristianos llaman santidad, sin escrúpulos y con firme decisión, se podía llegar a la misma meta a que habían llegado aquellos que la Iglesia presume que están en la gloria. Así, la diferencia entre Federico de Sicilia y Francisco de Asís habría sido una mera cuestión de criterios de apreciación. Con todo, Federico le temía a Francisco, y tanto, que antes de decidirse a conquistar Asís se cuidó bien de hacerlo en un día en que el santo hombre se hallaba ausente de la ciudad. Pero bastó que su discípula, Clara, desde el balcón del convento de las clarisas, ejecutara el simple gesto de mostrarle el cáliz de la capilla del convento a la distancia cuando se disponía a sitiar la ciudad, para que Federico se diera media vuelta y desistiera de su proyecto. Federico entendió el significado del gesto de la monja: la versión del Grial simbolizada en ese cáliz, por lo menos en el valle de la Umbria, tenía un respaldo espiritual más poderoso que su versión luciferina. Fue, esa en realidad una conversación silenciosa de alto nivel. Ninguna monja del convento entendió entonces la sabiduría de su joven abadesa. La Iglesia, que después canonizó a Clara, tampoco hizo cuestión de esto. Hasta hoy ninguna clarisa ni ningún franciscano lo han entendido así tampoco. Como tampoco han caído en la cuenta de que Francisco, por una ley dialéctica inexorable, fue la contraimagen obligada de Federico.

A este Federico Hohenstaufen los mafiosos del siglo XX le han rendido un culto secreto. En la película "El Padrino III", al coludir a la mafia con el Vaticano, Francis Ford Coppola no ha hecho más que restablecer el nexo peliagudo que en el medioevo, para bien o para mal, inspiraba la acalorada polémica y el diálogo de sordos trabado entre el imperio y el papado. Corleone, el Padrino, heredero directo del camino de la mano izquierda inaugurado en el medioevo siciliano, sin embargo, recibe una alta condecoración papal por sus millonarios aportes al Banco Ambrosiano. Ahora parece arrepentido de sus tráficos y crímenes anteriores, particularmente del asesinato de su hermano, pecado que él confiesa llorando al cardenal que poco después llegaría a ser el infortunado Papa Juan Pablo I, fallecido misteriosamente meses después de su consagración. Ahora Corleone posee una cuantiosa fortuna que él necesita blanquear, invirtiéndola en honestos negocios inmobiliarios, lo que obligadamente lo pone en contacto con la administración financiera del Vaticano.

Originariamente el camino de la mano izquierda abolió las reglas caballerescas del arte bélico europeo; de ahí surgieron los métodos de dañar y aniquilar al adversario por cualquier medio sin problemas de conciencia. La escuela moderna de la mafia conservó intacta esa pedagogía de su fundador siciliano, aunque ningún Condottiero, se pueden comparar con el que, siendo uno de los más célebres bandidos de la historia universal, era, sin embargo, por herencia genética, un emperador. Por eso algo de su nobleza ancestral quedó por ahí olvidada en esa Sicilia por él satanizada. Fue lo mejor que Federico dejó para la posteridad. Me refiero a un bastardo que le parió una noble dama de su reino, de apellido Lanza del Vasto. Él se negó a legitimar a este producto de un adulterio, pero *in articulo mortis* accedió a los ruegos de la madre y lo legitimó nombrándolo primer príncipe Lanza de Trabbía. Siete siglos después, los muy vulgares hombres del siglo XX tendrían ocasión de ver en vivo y en directo la apostura y la majestad de un emperador medieval en la persona de su descendiente Giovanni Giuseppe Lanza del Vasto, (ante cuya distinción los reyes europeos parecían pequeños comerciantes), discípulo europeo del Mahatma Gandhi y maestro de quien redactó este testimonio, y a quien el santo hombre de la India puso el apelativo de Shantidas, esto es, el mensajero de la paz. Por eso en una conferencia pública en Francia él declaró que, poniéndose bajo las órdenes de Grandhi y abrazando la causa de la no violencia y la fuerza de la verdad, él pagó, hasta donde pudo, los sacrilegios, las deudas de sangre y las bajezas de su mafioso abuelo.

La mafia ha enterado un siglo de exitosos logros en la economía capitalista. Con todo, su estilo no parece avenirse con los nuevos tiempos. Sus casinos, sus alcoholes, sus asaltos forman parte ya del romanticismo. La cofradía de los "narcos" o "carteles" ha terminado por arrebatarle el cetro de lo ilícito. Marlon Brando y Al Pacino envejecen y para protagonizar a los patriarcas de la mafia deben vestirse y hablar a la usanza antigua.

Con la mafia mueren los usos y costumbres familiares y tribales de una vasta genealogía de ladrones y asesinos de estilo. Los carteles, para el ejercicio de su especialidad no necesitan de un patrono de raza heroica como Federico II Hohenstaufen, ni siquiera de un padrino como Corleone.

24

DEL FÜHRER

Esta moderna historia nuestra. Una y otra vez esas llamadas grandes guerras, que aún pasadas no parecen tan pasadas; adonde confusamente comprometida tenemos nuestra perdida inocencia.

Recuerdo de años treinta, que a toda música deslizan sus gratos sentimientos. Cinematógrafo que deja de ser mudo para comentar en voz alta sus desplazamientos. La secuencia sonora al blanco y negro. Invasión de Polonia ¡Ay Dios! Desfile en Berlín; capitulación de Francia. Todas en caravana esas pálidas imágenes.

Yo vi a la buena frau Liese poner banderillas de papel sobre una carta de Europa. Orgullosa la señora por los avances de sus divisiones Panzer. Y no era una mala mujer entonces ni nunca, creyendo que el dictador hizo lo buenamente que pudo hacer feliz a su pueblo.

Secreto de estado que aún permanece en estado de secreto. Hablo de la prisión Spandau y de Rudof Hess, su solo gran prisionero, incomunicado de solemnidad. Las grandes cejas, los hundidos ojos de un buenmozo, ario de excepción, quiero decir moreno, pero de raza heroica. El gran sobreviviente con su paquete de información en la corteza cerebral, que le pesa, y desconoce el mundo libre todavía para seguir siendo libre.

¿Se entiende ahora lo que empiezo a insinuar? Si alcanzáramos a saber que algo más se puede sobre lo ya sabido.

Valga una posible solución al enigma de quien fue realmente el Führer. Y una clave para más interrogantes. ¿Porqué hasta el fin invocó el nombre del Altísimo? (Retengan eso). La real talla del asunto reservada hasta hoy para estos demasiado numerosos hombres comunes que no han sido iniciados en la negra luz de estas modernas verdades.

Cien años pasarán, dijo Churchill, antes de que sepa el mundo porqué demonios, y en plena guerra, voló a Inglaterra Rudolf Hess. Vaga respuesta para ocultar la comparsa de fuerzas coaligadas que lo amenazaban desde arriba y desde abajo, y en la tierra misma de Gran Bretaña. Peces gordos, como se dice, que aún no caen en la red de estas palabras en nada inocentes.

Pero yo he visto al Führer dar órdenes precisas para el exterminio de la raza germánica. ¡Lo que se oye! Silencios aterradores que me dan razón, y en sesiones de rutina. Telegramas al frente ruso de von Paulus, con mayores evidencias. Movilización de adolescentes, lo peor, y a tal efecto, documentos de ambigua redacción, e inundación final de subterráneos atestados de arios en desgracia. Diversión de última hora, al parecer, antes de abandonar la escena por esa puerta de servicio al núcleo de la tierra hueca, de la que sólo él estaba informado. Dejando tras de sí, más, mucho más que abundantes cordilleras de cuerpos exánimes al blanco y negro; una Europa, quiero decir, de polluelos ortófagos que hoy deambulan sin saber a qué nombre le trabajan sus tediosas mensualidades. Sin ofrecer resistencia al pecado en su versión más inteligente.

Ese es nuestro tema, y entiendo que mirado así no es nada fácil. Quizás orillando, o mirando el asunto de reojo, hechas de nuestra parte muchas concesiones, o revisando al lente borrosas placas de un instante único, o practicando alguna substitución, como Chaplín con su Gran Dictador, confundiéndonos a todos con un oscuro barbero del ghetto que llega al poder sin aparato y por la sola fuerza de una profecía. Qué sé yo como será.

Y ahí están en su álbum de posguerra, menos él, augusto ausente, congregados todos al mandato de su sólo nombre presente. Viejos todos sin misterio, pero obedeciendo fatalmente a ese misterio que los hizo, a pesar de ellos, misteriosos.

Rooeswelt se hizo filmar siempre de costado, ocultando el lado paralizado de su rostro, su media máscara muerta al occidente (notad eso). El ordenó a su generalísimo: ¡Pare Patton! Y deje a los comunistas tomarse Berlín, porque así yo lo he dispuesto. Avance enseguida con sus boys y previa lectura de Superman, ensaye el encuentro amistoso, a ver si puede. Lo que es yo, me voy donde ninguno podría seguirme. ¡Heil Franklin! Por marginales asuntos traigo a colación a Winston Churchill, su desinteligencia, quiero decir, con el santo de la India. Él no vio más ahí que esa miseria a que lo había preparado su familia con añejos blasones y apropiados deportes. Esto es, mendigo flaco, extraviado, marginado de la británica decencia, envuelto en su sábana fiambre el desarrapado. Exento de protocolo, sin bajar la vista a la majestad de Su Majestad Británica. Con todo, él supo virar a tiempo en la dirección correcta para que su pérfida Albión siguiera el hilo de su perfidia utilitaria sin cambiar su pragmatismo en mitología germánica.

Habrá que agregar también algún oso estepario como ese apellidado "Acero" (Stalin) por la camada de Lenin, quien de pico en picotazo se sacó de encima al jefe judío del ejército rojo para pactar con el exterminador el compromiso de no dañarse ni en pensamiento, ni en palabra, ni en obra. No discrepar, debo decir, en tan espinudo asunto, y eso, cuando el santo padre Wojtyla no era más que un adolescente.

Podría alguien decirme ¿esto qué es? Hasta aquí solamente, hasta aquí.

Pero hay más. Al sólo papel y lápiz, quien formuló energías para desintegrar el mundo en el trópico momento de tan subido negocio, y las negoció por telegrama, las dichas energías, a su mejor postor. Masa por velocidad del pensamiento al cuadrado. ¡Oh Dios! El fuego del cielo para terror del equilibrio, sí, y "Apocalipsis now". En otras palabras ¿tiene hoy alguien la más mínima posibilidad de saber quién fue el autor de tanta, pero tanta "Relatividad"? Y ¿le creeremos? Pues a fin de cuentas ¿qué ha tumbado al favor o al disfavor de este "hijo de la luz" esa balanza de lo cierto y de lo incierto? ¡Brujo de ojos hueros! ¿Tus humanistas lágrimas de caimán después de Hiroshima?

Un Mesías está naciendo, decía Ingmar Bergman, con un huevo de serpiente en la pantalla, y el parto es doloroso; y eso mirando hacia el Berlín de los treinta, mientras el fox-trot se dejaba coger de oído al viento de no sé qué ventana abierta al patio interior húmedo, desde otros oscuros interiores que ya olían. Porque así ocurre cuando el sentimiento se sale fuera de las fronteras de su Belle Epoque en Alemania. "Cabaret und Cabaret". Profundidades oceánicas, abismos del corazón. ¡Oh Sigfried! ¡Oh Tristan! Esos celestes ojos, dispuestos a todo.

Los de Eslovaquia fueron, dicen, los primeros, confinados a los capos de Meidenek y Auschwitz. El gobierno de Horty pactó con ángeles malos. Todo gobierno pacta siempre con ángeles malos, sólo que éste tuvo el privilegio de entenderse con arcángeles. Y cuando volaron esos en bandada contra Rusia, Hungría entregó de esas gentes unos veinte mil para las cámaras letales. Pero hubo demora en Hungría, dicen, y sólo cuando asumió Eichmann empezaron los transportes de alegría, esos llamados "envíos regulares" en vagones para el ganado, o a pie en marchas lúgubres. A Chelmno, a Sobibor, a Treblinka, a Babilonia; padres e hijos en esa misma sufrida suerte.

Sobre la tristemente célebre plataforma de Auschwitz, donde los gigantes de la doble ese decidían sobre éste y el más allá de los mundos. Con el gris amanecer de cada día y todo, con niebla fría y mucho orden, esperando el día aquel, los gigantes, como todos los grandes de este mundo lo han esperado desde siempre a su manera, por la fuerza y la fe que los sostiene. El sol para un tiempo de la eswastica brillando de un modo más patente para el ario, pues hasta ahí era todo tan sombrío, tan penoso y difícil de aguantar con la pura germánica voluntad de poderío.

Y con todo ¿no habrá algo y cosas más que averiguar en esta inexorable lógica de verdugos remachando culpas contra las formas más heroicas del mal, Señores, ustedes todos intachables jueces de Nürnberg, atrincherados en la defensa y en los méritos de tan escandalizadas y sobrealimentadas democracias?

Descender los primeros para guiar a otros al abismo, y libre curso para esa "Solución Final", cercados de alambradas y controles de metralla con más y más cuerpos de cal y arcilla. Escoltando, en su espantosa desnudez, al Führer de una soñada y nunca realizada Germania. Como Sartre lo dice "A puerta cerrada", por no soportarse unos a otros, nunca pero nunca, firmemente creyendo en el principio de contradicción en cuestiones de sangre humana, sin lograr hasta entonces exterminar esa siempre maligna planta de "los otros".

Debían cantar a pesar del terror, esos salmos con que buscaban creer en lo impensable, donde ya se soñaban limpios de la impureza de siglos, y la tierra entera resurgía en su sueño apenas perceptible como el reverso viviente de sus áridas montañas. Canto que los valles resecos enviaban a las cumbres desoladas, porque ellos deseaban ver lo impensable, porque no se aguantaban la espera, pues nunca fue en parte alguna éste un sitio de limpieza. Y cuando la niebla lechosa comenzaba a salir por los orificios superiores, antes de la asfixia alcanzaban a decir: Sabemos hoy que eres un Dios justo y apiadable, y no tienes otro modo de enseñarnos que, al fin, los caminos del hombre no eran tus caminos. Algunos cantaban construyendo su ciudad santa, decían. Tú quieres que te maldigamos Adonai, decían otros, eso parece ser lo que quieres, pero no lo haremos, no lo haremos. Nos veremos hoy las caras Dios de Abraham, hoy mismo nos veremos las caras.

Algunos quedaban fuera y no morían, pagando con servicios su ser para la muerte, en esas instalaciones. Y así los unos pasaron, y los otros no pasaron, y cuando volvieron a su anterior lugar de residencia, después de la liberación, las bandas polacas les dieron muerte enseguida. Así fue el peso de sus noches y el frío amanecer de sus cenizas.

Se me informó también que el crucificado de Jerusalén, el año treinta y tres de Tiberio Cesar, por darse a conocer como Rey de los Judíos, por decir lo menos, para echar fuera las pocas palabras que musitó colgado del madero, debió presionar fuerte el dolor sobre el clavo único que le traspasaba los pies, para incorporarse y evitar la asfixia, dar presión a su aliento y gritar valerosamente ¡Ely, Ely! ¿Por qué me has abandonado? Pues parece que Él también murió asfixiado, y pasó; claro está que antes, mucho antes que ellos, a prepararles una morada se ha dicho.

¿Debo ser más directo en herir vuestras vagas convicciones? Y ¿habrá modo de esquivar la ponzoñosa densidad de todos y cada uno de esos uniformados personajes, para escurrirse entre los vacíos de esos que fueron sus asuntos y descubrir para el mundo lo que nadie, al menos directamente, andaría tratando de averiguar en estos peligrosos días? En dos palabras: "Tengo miedo". Que por eso que ha estado oculto se precisa hoy de una ciencia oculta, sí, y es por eso que yo digo: Es tiempo de Teología, ciencia válida para nosotros los irre-flexivos, que está visto ya que no bastaron esas llamadas grandes guerras para hacer vacilar los muros de esta contaminada ciudad de los hombres, asentada como está en nuestras pobres y aterradas mentes. (Escribo ahora para hombres comunes como si hubiesen dejado de serlo).

Procedimientos fueron esos destinados a ablandar nuestros huesos. Bajo órdenes manifiestas o camufladas, todos machacaron con fuerza desigual y siguen "machacando el alma hasta la tumba", aunque esos a más no puedan aspirar que los que matan el cuerpo. Para llegar a este día, hoy nosotros, los llamados a salir a los campos y montañas, quizás ahora mismo, entre los muchos asfixiados del tiempo y la palabra; atrapados sin salida, esperando en postura insoportable que alguien los levante de entre los escombros de este desgastado humanismo. Y en este y todo terreno, sistema o técnica de demolición humana ¿Qué sabes tú, prisionero de Spandau que yo ya no sepa?

Una cosa diré (eso que habrás tenido tiempo de pensar en tus años tras la reja): Cinco mil años de vanidad son suficientes para odiar la grandeza de los hombres. Por eso mismo ya sabemos que nada nuevo bajo el sol habrá nunca en estos tenebrosos reinos. Más no se puede decir. Yo no busco este misterio por misterio, sólo intento ser yo mismo de otro modo, para no pensar de este modo, pues quien de este modo piensa, de este mismo modo está ya muerto.

Sólo nos resta presionar hacia lo alto, como antes ya se ha hecho, porque eso es todo lo que podremos a la postre hacer. Presionar contra el cielo que nos llueve y nos engendra por igual buenos y malos. Es esta una respuesta y ha de ser verificada, pues uno por sí mismo puede convencerse al fin de lo impensable.

25

DE LA IGLESIA

Cuando el Imperio se hizo cristiano procuró asemejarse a la Iglesia. Al primer templo en que se congregaron los cristianos para celebrar la cena del Señor lo llamaron "basílica" esto es, palacio o casa del rey.

Del rey terrenal al rey celestial, diríase que la ciudad humana intentaba elevarse al cielo. Con el correr de los siglos quedó en evidencia que, a pesar de la santidad de los santos, eso no había ocurrido. Entonces los términos del binomio se invirtieron. En lo sucesivo la Iglesia se fue asemejando cada vez más al Imperio.

En el siglo XX el Papa Juan declaró ante el mundo que la Iglesia estaba para servir a la humanidad y no a sus propios intereses. Entonces la Iglesia dejó de ser un imperio. Se volvió una institución administrada por los miembros de su jerarquía, cuya tarea sería en adelante la de procurar el bien de todos los hombres sin dominarlos. Por eso al Papa Juan se le llamó el "buen Papa".

Con el correr del tiempo se echa de ver, sin embargo, que esta institución, esencialmente benéfica, se ha ido quedando a la zaga de la historia, en cuanto la escalada del progreso corre por el cauce del crecimiento ilimitado, la concentración del poder y la rapiña pura y simple, más allá de lo que puedan todas la naciones unidas en nombre de la paz, de la justicia y la libertad. Por eso entendemos que la etapa del Papa Juan es una transición hacia otra más decisiva y acorde con los principios originarios, esto es, que la institución devenga un pueblo, y que los fieles que le queden entonces se congreguen en torno a su Buen Pastor. Cuando la primera prioridad sea la de salvar el rebaño y conservar el territorio necesario para que se establezca el reino de Dios.

"Bienaventurados los mansos, porque ellos poseerán la tierra" significa justamente eso.

DE LA BELLEZA

Nos acostumbraron a pensar que la belleza es forma, nos acostumbraron a pensar que la belleza puede ser creada por el hombre y admirada en consideración al talento de los superdotados.

Las catedrales góticas se hicieron para causar la admiración del pueblo cristiano.

Es el orden transfigurado que se eleva por sí mismo al cielo. Por eso a la última forma del gótico se le denominó "flamígero".

El hombre que transita por las calles del burgo se ha de maravillar a la vista del palacio comunal.

La primera belleza que causó la emoción del hombre fue el fuego. Al fulgor de la primera llama el homo sapiens aprendió lo que es la risa y las lágrimas, las que brotan del júbilo, no del dolor.

El fuego precede al hombre en la naturaleza, pero el hombre puede también preceder al fuego. Entonces se da la gama completa de la emoción, la emoción por la belleza provocada intencionalmente como un logro exitoso de la experimentación. El chamán vio brotar el fuego en la foresta por la acción del rayo venido de lo alto y en su sueño entendió el lenguaje de los elementos. El furor, el llanto y la alegría del cielo. El chamán vio a la pareja humana acoplada engendrando el fuego. De su sueño surgió el arte de frotar trozos de madera para producir calor hasta la incandescencia. Eran ambos la tablilla perforada y la vara. Ambas partes del instrumento apoyadas, una en las plantas de los pies y otra en las manos. El último acto del ancestro de cuatro manos. Por eso el fuego producido por el chamán tiene un plus emocional del que carecen otros fuegos naturales. De esa emoción traducida a palabras nace la cultura, y el orgullo humano. La civilización comienza con fuego y sal, decía un maestro de la ciencia macrobiótica.

En la cultura china al fuego se le atribuye el carácter de lo adherente, lo no autónomo. El fuego hace arder el combustible. Flamea desde la tierra. La lluvia cae desde el cielo. Pero el agua madre por su propia naturaleza se escurre hacia las profundidades, y el fuego padre llamea hacia lo alto. Es un intercambio de niveles. Una belleza liquida generada en las alturas que se precipita sobre la tierra y una belleza incandescente que se eleva desde la tierra.

El agua en el caldero está sobre el fuego. Ambos elementos generan energía en forma de calor y vapor de agua. Pero la tensión resultante exige cuidado. Ocurre que la naturaleza cuida de sí misma y lo hace sin traicionarse jamás. Pero la misma imagen transferida al hombre, esto es, la sociedad humana, exige de extremo cuidado pues en el corazón humano anida la codicia. Por eso el hombre superior en tiempos de prosperidad no deja de pensar en el infortunio. El infortunio es un hecho que sólo pertenece al ámbito humano.

Cuando el fuego solar y la lluvia coexisten se genera el arco iris. En la tradición hebrea el arco iris es símbolo de armonía y paz. Iahvéh solemniza su pacto con la nueva humanidad surgida del Arca con un arco iris. Los cuatro remates curvos de la cruz compuesta que el chamán mapuche diseña sobre la membrana de su timbal simbolizan cuatro arco iris, esto es, la armonía establecida en las cuatro regiones del mundo.

En un refrán mapuche se dice lo siguiente: "No se ha de indicar el arco iris con el dedo; al que lo haga se le cortará el dedo". En un texto taoísta se lee lo siguiente: "No se ha de confundir la luna con el dedo que indica la luna".

Nos acostumbraron a pensar que la belleza es forma. Más que forma hay que decir, la belleza acontece. La primera belleza resultante de la experimentación humana no es una forma. ¿Qué forma tiene el fuego? La belleza del fuego es una danza, ocurre en el tiempo de encender, devorar y consumir. El fuego es de naturaleza musical, una belleza que acontece y se extingue en el tiempo; el tiempo de ejecutar e incinerar una partitura musical. Es el tema, el clímax y la coda de una secuencia que vibra en frecuencia ardiente y luminosa.

DE HEIDEGGER

La respuesta a la pregunta ¿qué es esto? Alumbra y apacienta una representación del ente por cuya esencia se interroga. Así la existencia humana afincada en el lenguaje hace que todo sea representación, y en cuanto tal, representación representante. De lo que resulta que toda representación en su re-presentar duplica en el decir la referencia al ente. Así se constituye la imagen del mundo que es proyección de un decir que despliega todas sus latencias "frente a" o "en la proximidad abarcante de" el ente presenciado y asimilado por el sujeto. De este modo la imagen del mundo no es imagen del... mundo, sino el mundo mismo como imagen en su mismidad de ente total, siendo esta misma expresión una pre-imagen del mundo, referido en su previsión totalizante. No es sólo una región, zona, o ámbito de objetos, la totalidad del ente, es la región o ámbito mayor de todos los ámbitos o regiones de objetos en el espacio tiempo. En consecuencia es el hombre, la naturaleza, el cosmos, la cultura, la historia, el movimiento y el no movimiento. La historia de lo fenecido y de lo sido, que aunque mutado no pierde su esencia y su pre-sencia entitativa de lo que permanece siendo, esto es, sucediendo, en cuanto es lo firme desplegado en las instancias de su acontecer intrínseco.

Alumbrar y apacentar una representación unívoca del mundo en cuanto ente total dotado de multivocidad, en el pensar totalizante, duplicando la esencia, lo cual apunta a un decir que insoslayablemente objetiva al sujeto y lo homologa al espacio que expande sus falencias de representación matemática, entendida ésta como aquello que de antemano el hombre sabe y a lo que tiende la imagen del mundo en cuanto sistema; representación que opera en la técnica de un explicar y mensurar en ausencia del imperativo de remontar hacia el ser del ente por sobre su entidad entitativa en un constreñirse que abrevia la epifanía de la esencia y constituye el olvido del ser que instala sus proyecciones en cuanto éstas obedecen a una voluntad de poder que es la antiverdad del ser y esencia del nihilismo.

El sujeto constituido como tal por la posesiva intelección y consecuente tasación del ente y la referencia de todo lo sido a la región de objetos de la ciencia vista como investigación y proyección del vivenciar y pensar en el sentido del proyecto que constriñe el campo de percepción y genera la incomunicación de las área establecidas del noticiar y del enterar de lo entitativo, del ente total asociado a la dispersa actividad carente de unidad unitiva que constituye la degradación de la ciencia y su olvido de la pregunta por el ser del ente donde se halla el habitar del sentido, entendido éste en cuanto luz de entendimiento de un decir "otro" que puede remontar la aún más grave degradación del lenguaje operada desde y por su propia operatividad. Esto es, lo real retado, desafiado, empujado, inapelablemente regido por la ley de dirección que lo constriñe a mostrarse sólo en el círculo visual del concebir representante, a pesar de los resquicios y grietas del templo de la ciencia que más que templo debemos entenderla hoy como instituto que instituye ámbitos, áreas de claridad especializada y cuyas instalaciones se hacen cada vez más insuficientes, habida cuenta de la fluida y cambiante materia lógica del ente investigado como representación del universo y sus modelos expresados como tales en "cuantos" de mental exactitud, de los que se hace una elección de valores proyectados que erradican de la moderna historia la gratuidad del pensar entendido como un obrar que en sí mismo agota su finalidad y que por esa peculiar naturaleza suya trasciende finalidades y valoraciones preestablecidas hacia el remontar remontante que nos abre la posibilidad de una epifanía no ya de la esencia del ente sino…

"En busca de la palabra perdida" es una frase que no conviene tanto a Proust como a Heidegger. En la etapa tercera de su vida el filósofo se quedó solo con las palabras. Fue como un acto expiatorio y ritual inconsciente. Algo similar a lo que le ocurrió a Lutero por el tiempo en que se dedicó a traducir la Biblia al alemán.

Lutero al transferir los dos "testamentos" al habla germana se enfrentó en su soledad con las palabras. Pero de eso resultó la definición y unificación del pensamiento de su nación. Heidegger no tenía una misión tan alta, pero al fin pudo llegarle el momento de decir de sí mismo cosas semejantes a las que Tomás de Aquino confesó en un acto de humildad: He comprendido cosas que me han hecho mirar mi obra escrita con desconfianza.

Desde ese momento el filósofo alemán dio orden a sus editores de imprimir la palabra "ser" tarjada con un trazo diagonal descentente de izquierda a derecha. Por aquellos tiempos también dejó de escuchar la "musik" que es repertorio obligado de todo alemán que se respeta, para escuchar hasta la saciedad "La Consagración de la Primavera" de Igor Strawinsky. Los melotipos arcaicos, los ritmos ásperos y cambiantes, los bloques sonoros de la prehistoria de la Europa oriental con que el músico ruso celebró sus "rits of spring", se transformaron para Heidegger en el eco audible de sus hallazgos en las raíces del lenguaje.

La frivolidad del París de 1913, en cuyo teatro de ópera fue estrenada esta obra, por una parte, y ciertos rasgos de carácter del compositor ruso, por otra, impidieron que un tal "aboutissement" desencadenara en éste una crisis. Pero la fractura operada con esta obra en el edificio de la cultura occidental era evidente, aunque el Ballet Ruso de Diaghilev y el "grand monde" impidieron que Strawinsky tomara conciencia del abismo que había dejado al descubierto. De haberlo hecho consciente Strawinky se habría enfrentado después al vacío; el mismo que llevó a Webern a desechar el brillante historial de la música occidental para abocarse a la búsqueda del sonido perdido, es decir, el silencio. La ausencia de toda frivolidad en Webern es lo que hizo que su búsqueda fuera más precoz y exhaustiva.

La aproximación del "ser" europeo al "vacío" budista que llevó a Heidegger a tarjar la palabra en sus escritos, ocurrió después de la ecatombe del nazismo. Fue una especie de juicio final del lenguaje, que acentuó por contraste la vanidad del discurso contemporáneo. Después de lo ocurrido resultaba obsceno que los pensadores europeos siguieran creyendo que con su léxico especializado podían dar al ser caza y casa.

(El filósofo chileno Eduardo Rivera cuenta que tuvo una entrevista con Heidegger en su propio domicilio, y que al llegar a la puerta, se rió a la sola idea de que esa era la casa del ser).

En la peregrinación a las fuentes del habla humana, Heidegger debe haberse arrepentido más de una vez de haber escrito confiado en el consenso verbal de la tradición de alta cultura alemana.

Estar solo con las palabras es una situación límite del pensador a la que pocos tienen el coraje y la paciencia de llegar por temor a tener que reprocharse la ingenuidad de haberlas manipulado con ligereza. Estar solo con las palabras significa que el habla toca a su fin.

El aberrante pero magnífico discurso de Heidegger no se enhebra por certeza, sino por total incertidumbre. Es un recorrido por los dominios graves del pensar filosófico alemán con la intención de que nunca más nadie vuelva a reeditar ese pensar.

En el clásico confuciano llamado Libro de las Mutaciones, el árbol, esto es, la madera, y el viento, se representan con un mismo signo, SUN. El viento es al árbol lo que la gravedad es a los huesos. Sin gravedad la osamenta humana pierde su consistencia (los astronautas deben saber como paliar esta anomalía). Sin el viento, la madera surgida de la tierra por crecimiento gradual, pierde también su consistencia. El follaje es la cara de las mil caras que el árbol opone al vendaval para someter a prueba sus ramas, su tronco y sus raíces.

Cuando el árbol muere pierde su follaje y sólo deja a la vista su esqueleto. El viento y la madera ya no se asocian en un mismo signo. La madera muerta es leña y se aviene más con el elemento fuego. El signo resultante de esta nueva asociación es el Caldero, TING, que conlleva la idea de alimento sagrado, ceremonial, para el príncipe.

Heidegger se quedó solo con las palabras, como Heisenberg se quedó solo con sus ecuaciones y experiencias fallidas frente a la irracionalidad de la partícula elemental hasta formular el principio de incertidumbre.

Es porque el lenguaje ha muerto (el que se usa con la convicción de decir algo), que un hombre como Heidegger pudo cambiar la Filosofía por la Filología.

Pero la osamenta de madera del árbol del lenguaje tenía que arder al fin por efecto del trueno. El leño que la centella enciende. Por eso Heidegger puso fin a la Filosofía como tal. Heidegger en la etapa tercera de su vida llegó a ser el Anton von Webern del pensamiento filosófico tradicional germano.

Pero que el leño arda en este caso significa que lo que la Filosofía pretendió, como meditación del ser, se ha de hallar en adelante en la Poesía, y no en cualquier poesía. Que el leño arda en este caso significa que lo que la Filosofía pretendió como meditación del ser se ha de hallar en adelante en la Psicología. Significa también que el hombre de hoy comienza a transculturarse y puede recibir alimento de otras fuentes menos contaminadas: del Caldero chino, entre otras, aunque no sea un príncipe quien lo coma, ni sea una ceremonia el hecho de ingerirlo.

Karl Jung, para escándalo de las mentes cuadriculadas de la ciencia contemporánea, consultó el oráculo de las varillas de milenrama. Pero la pregunta que formuló no tuvo nada que ver con sus asuntos personales, sino con el destino del oráculo mismo en ese hito de la historia.

¿Por qué has venido?

La pregunta suena igual a la que Confucio dirigió al unicornio muerto por los cazadores del rey del estado de Lu. Pero la pregunta de Confucio al unicornio muerto fue con lágrimas en los ojos. Más que una interrogación, una exclamación y un lamento. Hombres vulgares dan muerte al príncipe de los animales con groseras jabalinas y lo arrastran hasta la terraza de los jardines colgantes del palacio. Por ese hecho fortuito el sabio entendió que le había llegado su hora, la de partir de este mundo a la tierra de los antepasados. El Ki Lin asesinado no respondió sino haciéndose visible y acreditando la extinción de su especie.

La pregunta de Jung se genera a partir de la de Confucio. Jung ante el mundo convulsionado en que le tocó vivir sintió lo mismo que Confucio en los tiempos de los reinos combatientes. (La pregunta se parece mucho aunque sólo en la forma, a la que Jesús le dirigió a Judas Iscariote en el huerto de Getsemaní: ¿A qué has venido?).

El oráculo, tomando el lugar del unicornio respondió con el hexagrama N° 50, esto es, TING, el Caldero (La Marmita). "Tengo alimento espiritual, le dijo… Sé que estoy en desventaja, pero no me desanimo".

Como todas las cosas que ocurren en su país de origen, el oráculo parece estar fuera del tiempo. Lo que yo ato y desato en la tierra también es atado y desatado en el cielo, proclama el oráculo. En ello parece residir su confianza.

La consulta de Jung al I CHING coincide con el descubrimiento bajo tierra de los calderos de bronce de Yin y de Han. El TING de la China parece haber comenzado a alimentar el pensamiento disidente de la raza blanca. La hora en que los conceptos se descomponen en sus elementos lingüísticos, dejando a la vista sus raíces, sus resonancias semánticas asociadas, y éstas, a su vez, disociadas en breves vocablos de remota procedencia.

El que remonta esa pendiente "en busca de la palabra perdida" restablece la incidencia real del lenguaje en las cosas y la vida.

Quedarse solo con las palabras es aproximarse al ancestro mítico que instituyó los nombres.

El que pasa por esa experiencia cierra los postigos de su casa, se dedica a oír música de procedencia foránea, y no quiere saber nada más de lo que ocurre en el mundo circundante.

28
DEL ZEN

Ante la pregunta ¿es el viento el que mueve a la bandera o es la bandera la que mueve al viento? El maestro Zen respondió: "Es la mente que se mueve". Ante la pregunta ¿son los cambios de las cosas los que generan el tiempo, o es el tiempo el que genera los cambios de las cosas? Lo más probable es que el maestro hubiese respondido del mismo modo.

Religión de la mente; desde el aseo matinal hasta el sueño, desde la evacuación de los intestinos hasta la meditación y la iluminación súbita, todo es Zen en el Zen. La perfecta cultura personal, aquella que pone fin al dolor, el cautiverio de las obras y la acumulación de los males. Es también el fin de la historia.

Cuando la historia muere en mí, yo muero para la historia. Caminando por la calle soy la no historia que se desplaza en el cauce por donde fluye la historia. Es el monje en cuya lenta marcha un pie adelanta a otro pie cada cuatro segundos. El hace sonar su campanilla de bronce templado como un leproso que avisa su enfermedad para que se hagan a un lado y lo dejen pasar. El único enfermo entre los sanos. Pero su hábito es magnífico; su continente majestuoso. Avanza en medio de una multitud de cabellos negros y ojos rasgados, vestida con parcas y poleras de fibra plástica estampadas con caras de cantantes de rock, y nombres en inglés o números de equipos deportivos. Su rostro está semioculto bajo el ala de su ancho sombrero cónico. Su mano sostiene con humildad el cuenco de madera en el que espera se le ponga un poco de comida. Algunos lo hacen, pero su gesto no alcanza hasta la compasión; sólo los mueve el deseo de abreviar su karma personal. El monje no se lo agradece, para ayudarlos también a abreviarlo. Su retribución es proporcional, sólo que al monje sí lo mueve la compasión. Es lo que debemos creer al menos.

No se conoce y valora a una persona sino cuando se ausenta o fallece.

Su presencia habitual remueve las aguas de la mente y entorpece la transparencia del entendimiento. "Me gusta cuando callas, porque estás como ausente" le dice el poeta a su amada. En otro pasaje se deleita con su ausencia: "Si no está (ella) me gusta ver vacío el patio y la huerta y la espero sin desear que llegue".

Los nietos de la dama japonesa no entienden a su abuela. Están vestidos de blue jeans y poleras estampadas con palabras en inglés. Ellos se maravillan de que la anciana que la visita se siente frente a ella y ambas permanezcan en silencio durante horas. La visita termina con una reverencia, y en ese protocolo mudo y sencillo parece resonar el eco de las palabras no dichas: "hemos compartido un buen silencio".

29

DEL ANDARIEGO

En el libro de las mutaciones (I CHING) el andariego corresponde al signo Lü. El trigrama superior es el fuego, Li. El trigrama inferior es la Montaña, Ken. El fuego encendido en la montaña. Visible en la noche como un punto de luz, genera un raro presentimiento. La distante presencia del que no vemos y ha tenido la osadía de buscar refugio en la altura cuando todo invitaba a pernoctar en los bajos, cerca del arroyo, bajo los follajes.

¿Quién o qué es el andariego?

Es uno que se aleja. La separación es la suerte del andariego. El decir adiós es el rigor de su ley. Esto es, la separación como destino, pues hay hombres hechos para la marcha, para el cambio permanente.

La utopía de un supremo bien que ha de buscarse es la secreta motivación del andariego, sea peregrino ruso, ronin japonés, monje errante de la India, rodante chileno del siglo XIX, hippie alemán de los años sesenta. Su motivación es tan secreta como lo es la esperanza de que nunca ese bien supremo será hallado.

Lo que se gana en fuerza, dice una ley de la física, se compensa con camino recorrido. Así el andariego paga el precio de un incesante vagar por la tierra con miras a la adquisición de esa fuerza que nunca se termina de adquirir.

No se marcha incesantemente por un motivo que puede ser precisado en una explicación. Por lo general el andariego no puede dar razones de su destino. Se dice utopía porque es una búsqueda insaciable, porque ante una utopía siempre estamos en camino.

El fuego queda sobre la colina. Es la huella del andariego. En el TAO TEH KING se dice que el buen caminante no deja huellas. En una primera lectura es como habilidad defensiva que debe entenderse esto. En una segunda, lo entendemos como pericia y limpieza en los actos. El zorro perseguido por los lebreles va dejando al paso la huella de su olor en sus pisadas. Para despistar a sus perseguidores suele saltar sobre unos peñascos y de ahí a otros para interrumpir la continuidad del rastro olfativo. Los lebreles se detienen entonces ahí donde el zorro saltó y no pueden ir más allá en su persecución.

La habilidad y la limpieza en los actos se echa de ver justamente en la ausencia de rastros. Un caminante atolondrado dejará a su paso las manchas y desparramos de su aturdimiento. Pero el monje abad amonesta al discípulo si en la cocina del monasterio encuentra botado un solo grano de arroz.

Pero la cita del TAO TEH KING tiene un sentido metafórico. Las huellas que quedarían al paso del mal caminante, son ahí las consecuencias de sus actos incompletos o fallidos que se marcan como rasguños o zarpasos en la delicada sustancia de su mente. Si un hombre camina así por la vida, en la etapa tercera de su existencia habrá acumulado un pesado fardo de sufrimientos autoinfligido. Después se preguntará ¿por qué me ocurren estas cosas a mí? Hasta que encuentre a quien le diga con autoridad (el I CHING) que su proceder en la vida no fue hábil ni limpio, y que los rastros de su torpeza comienzan a aflorar ahora en el fluir del acontecer cotidiano.

Pero con lo dicho hasta aquí no se agota el breve y sencillo historial del andariego, porque de los tales se encuentran en todos los territorios habitados por el hombre y en todas las épocas de la historia conocida. (La vida como aventura cotidiana al azar de los vientos es inconcebible para quien no tiene ese destino). Aunque hay hombres asentados y establecidos que en sueños continúan su interrumpido destino de andariegos. Nadie les quita lo andado, como al libertino arrepentido nadie le quita lo bailado. Pueden ser destinos fallidos que deben pagarse con un desenlace indeseable, pero pueden ser también destinos en los que la calidad transhumante sólo se debe cumplir en una etapa de la existencia, para luego parar en otra. El que después se tenga que obedecer al imperativo de otro destino se debe a que el hombre debe acudir a otro llamado, esto es, el de peregrinar a sus tierras hondas.

Hombres como Gustav Mahler y Karl Gustav Jung hicieron de su propia alma la "terra incógnita" de sus peregrinaciones.

Pero aún así no se agota el historial del andariego. La última verdad que alumbra en su horizonte es memoria genética. Porque los andariegos y peregrinos de sí mismo son, ambos, descendientes del homo sapiens arcaico, ese que no fue el habitante de ningún lugar. Toda la familia humana antes de la invención de la agricultura racional fue una humanidad andariega y el campo de sus incursiones por la tierra medía varios cientos y miles de leguas.

Algunos andariegos célebres y peregrinos de sí mismos pueden darnos hoy sólo una muy vaga idea de lo que fue la aventura de vivir antes de que nadie fuese el habitante de un lugar. Antes de que el fratricida Caín, el agricultor, herrero, constructor, y punta de lanza del progreso, decidiera establecerse en la ciudad de Enoch, que él mismo construyó, abandonando la incesante búsqueda del inhallable bien supremo.

Fin del historial del andariego.

30

DEL INFORME ESPECIAL

Manolo:

Te envió con la presente el informe que logré obtener con la gauchada que me hizo mi hijo Matías. El es alumno de ese tal Gastón de la Universidad Católica, del que te hablé. En una clase este profesor dio una disertación sobre viejas tradiciones de la sociedad chilena que sobreviven en diversas partes del territorio nacional. El texto que te envío es parte de lo que dijo en esa clase y que él redactó después a pedido de los alumnos. La iniciativa de pedírselo fue de Matías porque él supuso que un texto como ese podía resultar interesante para mis investigaciones. Y efectivamente el texto me interesa por el testimonio que contiene. Eso me permite tomarle el pulso a una parte de la intelectualidad chilena sobre el tema de lo que esa gente llama la "Identidad Nacional".

El "manual" que nos ha hecho leer Mrs. Murdoch, como habrás podido apreciarlo, no se refiere sólo a las cosas que corresponde hacer en lo inmediato por la emergencia en que vivimos, sino también a los imponderables psicológicos que actúan en el complejo de la sociedad. Se necesita un cambio de mentalidad a corto plazo. Los rectores delegados que el gobierno ha designado en las universidades han recibido instrucciones en ese sentido y Murdoch los está asesorando en la implementación de las futuras políticas que han de orientar la docencia y la investigación.

Debemos vencer la resistencia que oponen los antiguos hábitos de pensamiento y los disidentes que cuestionan lo que ellos llaman el "sistema". Pero Murdoch va más allá en sus apreciaciones, las cuales según él están basadas en investigaciones muy recientes en ciencias humanas. En ese sentido él considera como un escollo también la sola existencia de grupos que comparten ideales comunes poniendo en ello una cierta mística, aunque no hagan nada que se proyecte materialmente hacia la sociedad. Esas como corrientes subterráneas que serpean en el fondo de la conciencia nacional y que siempre han inquietado a los gobiernos, los cuales reaccionan frente al fenómeno mediante estrategias orientadas a hacerlas surgir a la luz pública para alinearlas en un sentido claro que permita después influir sobre ellas mediante ciertas maniobras. El manual de Murdoch las describe al detalle. Por ejemplo, pagar a intelectuales destacados para que ataquen al gobierno, y difundir su pensamiento. Los disidentes entonces caen en la trampa alineándose inconscientemente conforme a las publicaciones de dichos pensadores. Tal fue el caso de Herbert Marcuse en Estados Unidos.

Las costumbres y hábitos de pensamiento tradicionales forman lo que un antropólogo llamaría la cultura, pero en el manual de Murdoch eso toma el nombre de "paradigma".

Es difícil seguir el pensamiento de Murdoch en estas disquisiciones. Según él una de las mayores resistencias la opone, por ejemplo, la sola existencia de minorías étnicas que viven inmersas en una espiritualidad del todo diferente a la cultura nacional. Él llama eso un "polo de tensión" el cual actúa sólo por presencia. Él sostiene, en ese sentido, que la mecánica de los acontecimientos es fuertemente influida por esos polos de tensión psíquica o espiritual y que hay que acabar con ellos minando sus bases de sustentación. Junto a las minorías étnicas (especialmente los mapuches) él menciona a los ecologistas y grupos cristianos de renovación. Pero tú y yo somos católicos y sabemos que a la larga la idea de que este cambio es parte del plan de Dios primará sobre los escrúpulos que por el momento podrían paralizar a esa gente, la cual terminará seguramente por plegarse cuando el pensamiento económico del régimen adquiera cuerpo en la mente de los chilenos, y este arzobispo comunista que tenemos ahora esté jubilado.

Este Murdoch es genial, tiene cualquier cantidad de doctorados en ciencias humanas y ha sido consejero del Pentágono. Nosotros no tenemos nada semejante acá. Sus ideas sobre eso que él llama los imponderables psicológicos es lo más novedoso que le conozco de todo lo que nos ha dado a conocer. Según los gringos, es lo mejor que pudieron mandarnos. Pero entre esas cosas, que para nosotros son raras, eso de que un "polo de tensión" invisible opone una resistencia igualmente invisible pero efectiva que puede provocar hasta el fracaso de iniciativas concretas que nosotros estamos en condiciones de tomar, implica una concepción de las cosas que a mí me supera. Pero ellos, los gringos quiero decir, son, antes que nada, prácticos, y saben explicar en términos sencillos y normales lo que otros no podrían explicar sino con pesadas filosofías. El dice que el paradigma se asienta en el fondo de la conciencia y que el fondo de la conciencia es inconsciente. Así, las ocurrencias más importantes que nos vienen a la mente vienen del inconsciente, el cual, por eso pasa a ser superconsciente. También su manual tiene un capítulo importante dedicado a lo que el llama la "ley de analogía". De ahí que el modo de hacer las cosas sea tan importante como el hecho mismo de hacerlas. El modo y el "instante", hay que decir, porque el punto preciso del paso del tiempo en que las cosas se realizan forma parte de lo que él llama el modo.

Estas ideas te las adelanto para que puedas tener una mejor comprensión del manual, ya que tú no pudiste asistir al seminario que él dirigió. Aunque muchos párrafos de su manual han sido tomados casi literalmente del manual de la CIA.

En suma tenemos que enfrentar de hecho a toda la rémora que en este país impide la generación de riqueza. Para eso tenemos que hacer muchas cosas pero no de cualquier manera, porque los así llamados imponderables psicológicos de la nación chilena, opondrán una resistencia no sólo a la acción directa que haya que ejecutar en el cumplimiento de nuestro programa, sino a la posibilidad misma de que nuestras iniciativas puedan llegar a ejecutarse.

Sobre ese particular he sabido que el tal Gastón, ese que es profesor de Matías, (y que también lo fue de María Loreto el año anterior), ha comenzado a organizar unos rituales mapuches en la cordillera, esos que se llaman "nguillatunes". Uno de los alumnos del curso que logró colarse en el grupo le contó a Matías que habían asistido unas trescientas personas, de las cuales cien, al menos eran mapuches de Santiago, Lumaco y Quepe. Y que en las rogativas habían pedido que el pueblo mapuche se pusiera de pie y enfrentara a la sociedad de los "huincas" (nosotros) para recuperar las tierras que les habían robado; también para que la cultura tradicional de esta minoría étnica no se perdiera (parece que este tipo sabe algo de la teoría del polo de tensión).

Ya sabemos cómo ocurrió la acción armada del 11 de Septiembre. Murdoch dice que si no se la hubiese realizado conforme a una estructura simbólica como la que se diseñó para ese efecto, no se habría logrado el éxito inmediato que obtuvimos.

En lo que se refiere a los mapuches, el primer paso que tenemos que dar es cambiarles el régimen de tenencia de la tierra. Eso ya la Comisión Legislativa lo tiene claro, aunque el presidente de la comisión no parece aún muy convencido. Logrado eso, los indios pasarán a ser propietarios individuales y pensarán más en términos económicos. Así morirá en ellos la mística de la tierra que por el momento opone tanta resistencia (como puedes apreciar, Murdoch tiene ya en mí a un discípulo). Y por esta vía las tierras asignadas pasarán más temprano que tarde a manos de quienes las puedan cultivar en forma rentable, y los indios emigrarán a las ciudades para reforzar la mano de obra que necesitamos.

Este es parte del informe sobre las antiguas tradiciones que aún subsisten en varias provincias del país.

1. Poseen tierras a las que saben que no podrán sacarle provecho. No son siquiera conservacionistas, sino herederos de otros propietarios, o personas suficientemente especiales para adquirirlas por la sola razón de que están en condiciones de hacerlo. Poseen animales, vehículos y cuenta bancaria. Por lo general son viejos absolutamente ajenos a la jerarquía social vigente pero de una larga tradición de familia, que heredan o adquieren cientos y a veces miles de hectáreas de hermosos desiertos. Ellos no pueden explicarlo, uno lo deduce después de conocerlos, quiero decir que, de algún modo, ellos son hijos del desierto y se complacen de vivir en él.

2. Uno los encuentra en el camino por casualidad cuando se aventura por zonas no frecuentadas del territorio.
Al fondo de la quebrada se divisa una casa rodeada de árboles algo macilentos. Un conjunto apretado de álamos revela la presencia de un ojo de agua. La proximidad de los forasteros alerta a una jauría bulliciosa de raza indeterminada que viene a su encuentro, pero sin intenciones realmente agresivas.

3. La casa es antigua, la atmósfera y el ámbito todo es antiguo. Algo de nuestro pasado está ahí esperándonos para hacernos saber que no toda nuestra geografía interior nos es realmente conocida; que algo de nosotros mismos debía regresar del olvido para ser reconocido en ese apretón de manos, en ese saludo respetuoso y esa voz de poco énfasis pero no sin la calidez de una bienvenida.

La entrada al espacio cuadrangular del centro que hace converger toda la vida de la casa en torno a muros, ventanas y pilares, pone ante nuestra vista vigas verticales octogonales o cuadradas sobre bases de piedra cúbicas, enredaderas y ventanas con barrotes. Remates o capitales de cierta elaboración. Muros algo descascarados. Hacinamientos de cosas, muebles antiguos en mal estado, armarios y cajones, garrafas, barricas, palanganas, yuntas y ruedas de carretas en desuso.

De haber sido la propiedad de un señor del barrio alto de la capital la casa estaría pintada y brillando al sol, y el conjunto estaría afectado de una peste aséptica en el oasis de una alfombra impecable de pasto bien cortado. Pero al revelar las fotografías tomadas en esos ambientes entendemos que en ese bello desorden y estilo descuidado, la huella del paso del tiempo y un dejo de abandono en el conjunto son los ingredientes determinantes de su encanto y su belleza.

4. Integran estas personas una rara aristocracia que se distingue por un habla tradicional caída en desuso. Su domicilio en la ciudad está ubicado en viejas avenidas interminables enfiladas hacia el norte o el sur de la capital. Son por lo general casas antiguas también con patios interiores y ventanas con barrotes, altas puertas con tragaluces, amoblado de estilo con cuadros de naturalezas muertas y fotografías iluminadas de gran tamaño montadas en marcos ovalados con vidrios combados. Es el Chile que se fue de casi todo el territorio pero que en estas extrañas moradas aún respira el aroma de su patria vieja.

Gente de pocas palabras y mucho sosiego pero muy efectivos en lo suyo. Con un sano sentido de la familia viven sin roces ni desavenencias graves, aunque se frecuentan y comparten. Sus nombres pertenecen a un viejo repertorio onomástico de procedencia hispánica: Don Artemio, Don Emeterio, Don Narcizo. Doña Adolfina, Doña Luisa, Doña Evangelina. Al parecer no cultivan la amistad con otros que no sean de su misma calaña. Se conocen entre sí por vecindario y tradición. En una pendiente del camino que conduce al acceso de su propiedad, por lo general se divisa entre la hierba la carcasa amohosada de un vehículo que se negó para siempre a abandonar el lugar.

5. Comparten una misma serenidad frente a un mundo en demolición del que se informan por la radio, los periódicos y la televisión. Pero ellos viven como si estuviesen al resguardo de toda catástrofe. La clave de este privilegio es su sosiego interior y los lugares del territorio en que habitan. Ambas cosas los protegen de toda vanidad. No hay formalidades sociales que respetar ni apariencia que cuidar. Con todo, son extremadamente respetuosos y discretos. De la pasada cultura nacional han heredado la reserva que los cuida del peligro de caer hacia fuera por medio de un habla banal y vacía.

6. No tienen más cultura que la que puede adquirirse por los medios de comunicación, y eso en lo que se refiere a lo que se llama las ramas del saber, porque ellos mismos son una cultura, esa que otros pretenden adquirir por el estudio. Pero sin cultura escrita, son hombres de mucho conocimiento y experiencia.

Su reposada conversación versa sobre temas del modo de vivir y habitar la tierra. Recuerdos de juventud y de los miembros fallecidos del clan e incidentes sobre la intromisión del poder político o económico en la tranquilidad de sus dominios.

7.   Buenos jinetes, poseen todas las habilidades que su modo de vida exige.
     A veces conducen piños de animales hasta la cordillera de Los Andes,
     cuando el forraje de sus desérticos parajes se agota.

     Algo de imperturbable y pleno se echa de ver en su presencia, por-
     que están libres de todo espíritu de lucro con el que el sistema imperante
     podría contagiarlos. Es una opción de vida en la que el desierto ha puesto
     su mejor parte.

8.   Sólo cuando se gana su confianza consienten en abrir el baúl de los misterios
     a que han tenido acceso por vivir en despoblado y un tanto a la aventura
     de lo que el cielo les depare. Muchos años de silencio se deja sentir en su
     continente. Poseen eso que el apóstol llama discernimiento de espíritus, y
     han vivido experiencias que exceden la ortodoxia religiosa y se afinca en
     las artes ocultas y los fenómenos inexplicables. Acostumbrados a conocer
     sin explicar, han dejado un amplio espacio en sus vidas a lo que procede
     de otro mundo que no es éste mundo del que formamos parte.

9.   Del diálogo con esos hombres queda un remanente de agrado que no se
     parece a ningún otro agrado. Especie de júbilo gratuito no centrado sólo
     en la persona del interlocutor, sino en su aura que abarca todos los objetos
     que constituyen su mundo. Es un aura que se hace consciente sólo al evocar
     al personaje y su entorno.

10. Los que han buscado esas soledades para situar su morada logran esta-
     blecer un buen equilibrio entre el deshabitado espacio de su experiencia
     y el diálogo con otros. Es la medida de soledad que exige la armonía de
     la vida humana con el espíritu de la tierra. Ellos hablan desde su sole-
     dad, desde la cavidad luminosa que en las noches los congrega junto al
     fogón a considerable distancia de los centros urbanos. Para acercarse a
     ellos hay que amar la soledad, esa que en nada se parece a la de quienes
     sufren de soledad.

Fin del informe

DE LA SOLEDAD

Hoy la mayor parte de las relaciones humanas se establecen sobre un fondo sombrío de soledad. La inveterada pieza oscura en la que no quisiéramos estar, y a la que volvemos una y otra vez después que la imagen de los otros se desvanece.

La soledad se padece o se logra deliberadamente. Por esa vía se puede llegar a ser un solitario de soledad absoluta. El que alcanza esa soledad es un vidente. Soledad pura a que el espíritu invita a sus solos predilectos. Por la ley de la santidad comunicante, de esa soledad los hombres comunes extraemos parte del alimento que nutre nuestras buenas relaciones con otros hombres.

Pero no es de esa soledad que aquí se trata; es de la soledad ciega que se padece como un mal interno, intestinal, cuando no se absorbe ni se elimina nada de nuestro ser. Porque la soledad sólo ejerce su poder sobre el que desconoce el diálogo consigo mismo.

El más frecuente diálogo del homo sapiens arcaico se realizó dentro de su propio cuerpo. Después él transfirió su aptitud potencial al dios del viento y dialogó con el aire.

Los dioses son representaciones de los propios poderes humanos para que la persona singular que se es tenga en ellos el eco de su voz temerosa. Pero son imágenes tan reales que terminan siendo habitadas por entidades invisibles que les dan consistencia para confirmar la distancia en que el hombre ha querido situarlos respecto de sí mismo. Eso se llama vestir a los dioses en el altar del corazón. (Después ese altar fue transferido a la ciudad. Porque los dioses se volvieron civilizadores).

Interrogada una pastora de llamas del altiplano boliviano por una periodista acerca de su prolongada soledad en esas tierras, respondió que para ella no había tal soledad, porque siempre conversaba con el espíritu. Sin saberlo se refería a la contraparte superior de su persona. (El que dialoga con el espíritu se percibe a sí mismo como el complemento receptivo de una pareja de muy desigual dignidad pero inherente a la persona misma).

El espíritu es a la persona lo que el cuerpo es a la sombra. Antes está la luz que llena el espacio circundante pero que se abstiene de ocupar el área que las rectas tangentes de sus rayos en el cuerpo delimitan en la tierra.

La soledad se padece sensorialmente, pero hay también una soledad de más vastas dimensiones, algo como un vaho frío de oscuridad que penetra el ambiente por algún resquicio situado sobre nuestras cabezas. Una emergencia de pánico que opera sobre el hombre global pero que se comparte en cuotas individuales y por eso soportables. Los únicos que la han enfrentado en toda su intensidad son los astronautas. Algunos de ellos han pagado la experiencia con la alienación de su mente.

Es la soledad de los cómplices que se juntan aquí abajo donde el mundo suena para una operación que no tiene eco en ningún sitio allá arriba. Eso que el mundo espanta con música ambiental, a toda hora.

Ocurre que la luna, espejo suave de la luz nocturna, es un mundo muerto, petrificado y ceniciento. Su claridad no puede evitarle al astronauta el espectáculo de una perpetua noche que campea sobre su cabeza y se derrama por todos los horizontes. Ocurre que el planeta rojo es un desierto arenoso y pedregoso de grandes ventarrones polvorientos, fosas y fracturas. Más allá de él navegan, en un mar negro, grandes rocones de irregular conformación, y más allá se sitúan los gigantes gaseosos, tan anchos y gravitantes que desde cualquier punto de su derrotero elíptico hacen bambolearse al mismo sol en su centro.

David Bowman logró sobrevivir después de su viaje a Júpiter en el Discovery, en un vuelo de reconocimiento que duró varios años, pero que le volatilizó el alma.

Su aproximación a la superficie del planeta en la cápsula Betty le dio a gustar entonces el exilio aterrador del hombre global. Perdió de vista la tierra, aunque todavía resonaba en su memoria la entrevista que concedió a un canal de TV antes de partir, la cual él solía ver en su pantalla para no desglobalizarse.

Entrando en la atmósfera de Júpiter a más de cien kilómetros por segundo, tuvo la oportunidad de comprobar por sí mismo lo que Escritura enseña, esto es, que Iahvéh, en verdad, es un fuego devorante para el desprevenido que lo ignora.

Los paisajes rutilantes vistos sobre la superficie del rey de los planetas fue su arrebato onírico. Por eso Bowman terminó solo y envejecido prematuramente en una casa de estilo rococó francés, comiendo su triste pascua. La noche eterna en que navegó, la muerte de su ayudante Franck Pool, y su lucha contra las pretensiones de la computadora HAL que atentó contra su vida y siempre le ganó todas las partidas de ajedrez, fueron demasiado para un norteamericano medio a pesar de su excepcional entrenamiento deportivo.

Cuando se miró al espejo de su cuarto de baño lo hizo con su escafandra espacial para recordar su heroico pasado. Después lo hizo con su simple y demacrado rostro humano. La soledad que Bowman padece ahora es una dolencia cósmica que pronto lo llevará a la tumba.

El feto de luz que nace de sus despojos mortales sobre la cama matrimonial, sin esposa ni descendencia, es su hombre nuevo, su interplanetario, digno hijo de la revolución científica. A decir verdad no parece de buena catadura este ser. Debemos concluir que nos mira a todos como para enjuiciarnos, y que de una tal mirada ninguno de los nuestros podrá escapar.

Stanley Kubrich después del aparatoso comienzo del Zaratustra de Ricardo Strauss con que termina su película, acompaña la salida del público de la sala con una reexposición en negro del valse Danubio Azul de Johann Strauss. Pero, de un Strauss a otro hay la distancia que separa el año 1968 del Apocalipsis. Hoy esa distancia se ha acortado.

32

DEL 11 DE SEPTIEMBRE

Se nace en un país sin espíritu, desarticulado moral y estéticamente. Se sigue la carrera de las armas sin más consideraciones que las que en rigor el oficio requiere y en vista de un desempeño que sólo se actualiza cuando los tanques avanzan y los cañones escupen fuego. Aunque todo bajo el imperio de una carta fundamental que sitúa a estos profesionales de la defensa y la agresión tras la frontera de la obediencia al poder constituido. Otra cosa es cuando estos uniformados estiman que ha llegado el momento de no seguir obedeciendo. Entonces viene el ultimátum. Se conmina el gobernante legítimo a salir del palacio presidencial por las buenas o por las malas.

La conquista del poder total por la fuerza constituye un momento histórico que remueve y perfora todas las capas de la realidad dejando al descubierto los fundamentos, pero no como raíces de un árbol que sobresalen de la pared de un corte del terreno, sino como el cráter que dejaría en la tierra el impacto de un meteoro de gran talla. Cuando el cráter es suficientemente profundo, los fundamentos quedan a la vista, entonces los hombres que tan desaprensivamente han vivido sobre ellos su rutina mental, son obligados por las circunstancias a formularse preguntas no acostumbradas sobre la naturaleza y el porqué de las cosas. Es un juicio final para el que nadie parece preparado. Los que acceden al poder emplean un lenguaje referido a esos fundamentos. Pero su abrumadora insistencia a ese respecto deja en evidencia que los tales fundamentos han sido demolidos. Otro tanto hacen las víctimas del poder fáctico, aunque nadie atina con aquello que proclama como verdad.

La acción bélica destinada a cambiar el rumbo de la historia es una emergencia mayúscula que suspende la realidad. Esa es la razón de porqué para llevarla a cabo se necesita de un impulso que no pertenece al ámbito del obrar fáctico.

Don José Miguel Carrera cuando en un rapto de osadía inaudito, hizo arrear el pabellón de los reyes borbones españoles e izar el nuevo pabellón de la patria naciente que él había diseñado, demostró saber más que lo que saben ordinariamente los de su oficio. Al virrey del Perú no le bastó con la constitución de la primera junta nacional de gobierno y sólo estimó que en Chile se había iniciado un movimiento político de emancipación cuando los chilenos exhibieron públicamente los nuevos colores de la patria prescindiendo de los antiguos. Se vive en un mundo de hechos e ideas que reciclan día a día la misma substancia tradicional, pero sólo cuando el orden se quiebra, se cae en la cuenta de que su verdadero sostén era una imagen visual, un símbolo que ondea al viento.

Era un pabellón blanco con un óvalo al centro y en él inscritas tres flores de lis de oro dispuestas como en los vértices de un triángulo equilátero invertido, al que ahora comenzaba a oponerse otro pabellón con tres franjas horizontales de color azul, blanco y amarillo, con un óvalo al centro. En ese óvalo se muestra una columna central encimada del globo del mundo, a cuyos costados aparecen un toqui araucano y su esposa, ambos empuñando sus respectivas lanzas de combate. Sobre el globo del mundo se ve una palma cruzada por una lanza, y sobre ellas una estrella reluciente. Tanto en el borde superior como en el inferior del óvalo se leen las siguientes inscripciones: "Post tenebras lux" y "Aut consilio aut ense".

Es un huevo o matraz alquímico. En el hierve un cocimiento para que el principio activo y el receptivo del universo (el toqui y su esposa) se unifiquen (el eje central de la columna). El resultado será un ser íntegro (el globo sobre la columna). Preside esta "opera" el pentágono de Pitágoras. La lanza es combate, la palma es triunfo. "Post tenebras lux" define el resultado de la operación en términos de luz.

Don José Miguel no necesitaba de asesoría para hacer lo que hizo y desencadenar los hechos conforme a esta composición simbólica. Pero los militares que dieron su golpe en 1973 si la necesitaban.

Algún día se sabrá.

Tenemos aquí un esquema de los hechos reducidos a su mecánica más elemental. Una nación políticamente organizada que ha tenido la historia que todos conocemos, y a la que una ideología foránea pretende reorganizar y conducir conforme a patrones de pensamiento y acción totalmente diferentes. Para lograr esa finalidad se prevé como inevitable el pasar por un enfrentamiento armado, esto es, vencer y castigar a la así llamada clase dirigente.

Tenemos por otra parte un ejército profesional preparado, cuyos oficiales, en su mayor parte, no miran con buenos ojos el curso que van tomando los acontecimientos. Entonces el complot no se hace esperar.

Mientras el prócer preparaba la insurrección de los chilenos, seguía él proclamando a Fernando VII como rey de Chile. Los militares chilenos de 1973 mientras preparaban el golpe seguían ocupando el lugar que la constitución les fijaba, particularmente el comandante en jefe del ejército, quien siempre figuró públicamente junto a su presidente como un garante del orden.

En lo que al asesor se refiere, como puede inferirse del curso que tomaron los acontecimientos, él intervino en algún momento clave de las operaciones secretas que preparaban el golpe para rectificar algunas ideas de los militares que no se avenían con la gravedad y el real significado de lo que se intentaba hacer. Por su formación los profesionales de las armas pensaban en términos puramente fácticos. El asesor debió convencerlos de la urgente necesidad de concebir la operación de un modo diferente, conforme a un esquema simbólico eficaz, porque el acceso al poder en una coyuntura tal de la historia, significa suspensión total de la realidad institucional, lo cual opera a la manera de un corte súbito en el funcionamiento psíquico de los habitantes del país, y la entrada en una situación de manejo arbitrario del acontecer. Se trata de un poder que se ejerce mediante ocurrencias instantáneas de unos pocos pero que actúa sobre una trama de vidas humanas y destinos que interactúan unos con otros en referencia a un paradigma o modelo subyacente de sociedad, constituido por principios y patrones de conducta que en su mayor parte se asumen inconscientemente. Más abajo de esa base los individuos dejan de ser tales para entrar en un ámbito que puede ser llamado el "campo unificado del alma nacional", cuyas raíces se hunden en profundidades difíciles de sondear. Si no se tiene en cuenta la dimensión real de esa profundidad y se confía sólo en el poder fáctico, si se disfruta de la victoria ejecutando sumariamente a todo el que parece vinculado al régimen derrocado, y los esbirros del nuevo ordenamiento se exceden dando rienda suelta a su crueldad y bajeza, se está construyendo un coloso con pies de barro.

El asesor, para darle un efectivo poder a las hostilidades, ha debido preguntar a los historiadores asociados al complot, cuándo en el pasado del país se dio una situación que estructuralmente fuera semejante, y por eso, antecedente remoto de la situación actual. Los historiadores entonces han debido remontarse al siglo XVI, cuando el cacique Michimalonco lideró el primer levantamiento patriota en Chile contra la intromisión de la ideología y del poder de una potencia extranjera. Eso ocurrió un 11 de septiembre. El asesor ha debido decir entonces a los militares que el comienzo de las hostilidades no puede tener lugar ni el día diez ni el doce de ese mes.

El convencimiento que el asesor logró inculcar en los militares, tratándose de materias de suyo ajenas a sus hábitos de pensamiento, se explica por la misma intuición que ellos han debido tener en ese suspenso psicológico que afectaría a toda la nación y que ya comenzaba a afectarlos a ellos, porque el apremio, la expectación y la adrenalina suelen movilizar en esas circunstancias recursos mentales que hasta ese momento permanecían desconocidos para los mismos actores del drama.

Conforme a esa referencia de la historia pasada del país, se ha de apelar al fundamento racial mapuche de un pueblo que en gran medida es mestizo, por eso el asesor ha debido mencionar la necesidad de que la acción bélica misma contra el gobernante civil y su guardia personal se ajuste a la mitología del castigo por la cual el "Pillán" (esto es la divinidad suprema de los mapuches, también llamado Nguenechen), lanza su hacha de fuego desde el cielo. Esto significa que deberá ser la fuerza aérea y no la infantería ni los blindados los que habrían de destruir el palacio presidencial y dar muerte a sus ocupantes.

Poco tiempo después se supo que el primer avión de combate enteramente fabricado en Chile se llamaba "Pillán".

El prócer de 1812 apeló también al fundamento racial mapuche del pueblo chileno, tanto más cuanto que en su tiempo el pueblo mapuche era una nación soberana con espíritu forma y señorío.

El toqui de su pabellón del estado no es Michimalonco, sino Lautaro, el "Halcón veloz". Su compañera es Huacolda. Las lanzas que ambos empuñan significan que los principios activo y receptivo que ellos representan operan con toda su energía.

Del cocimiento operado en el huevo o matraz alquímico de José Miguel Carrera surgió una patria habitada por una sociedad que tuvo forma, virtud, estilo, sentido y belleza.

En esos tiempos los hombres sabios del pueblo de Chile decían: "Quién conoce su corazón desafía a sus ojos"; "El ojo verá bien si la mente no mira por él". También decían: "Vivimos sobre nuestras raíces no sobre nuestras ramas"; "Donde reina el amor las leyes sobran"; "Cuida de lo poquito que lo mucho vendrá solito"; "El que sube a mayores suele quedar en menores"; "Es malo mudar vieja costumbre. No dejes lo viejo por lo mozo ni lo cierto por lo dudoso"; "El que no tiene cabeza no necesita sombrero, que la percha que le falta no se compra con dinero"; "Más enseña la adversidad que años de universidad"; "Mucha economía, mucha porquería"; "El bien no hace ruido, el ruido no hace bien"; "Cuando Dios da su luz ningún rincón queda a oscuras"; "Lo ganado con el progreso a lo perdido no le hace el peso"…

Pero el país surgido del golpe militar de 1973 carece de forma, de identidad y de sentido. Es sólo un constructo económico, para beneficio de una minoría privilegiada no una patria.

En el mes de Febrero de ese mismo año de 1973 seis meses antes del golpe militar, en el Festival de la Canción de Viña del Mar, el cantautor Julio Zegers compitió con una canción llamada "Los Pasajeros", y ganó el primer premio. Tanto la melodía como la letra de esa canción, según confesión del propio autor, son el fruto de una ocurrencia gratuita que no tiene relación con ningún hecho real.

El texto de la canción es el siguiente:

Hoy, que la pradera va cambiando de color

Que una silueta se despierta bajo el sol

Que va o que viene o se detiene, qué sé yo.

Son cuatro jinetes que la salen a esperar

Cuatro estaciones las que debe atravesar

Cuatro caminos que la llevan hacia el mar

Para regresar al lugar

Del fruto que maduro ha de encontrar.

Hoy, el farolero ya se fue

La lavandera, no lo sé

Y el marinero un día de enero partirá.

Y cual pasajero de algún tren

Estoy viviendo en el andén

Y tras la máquina me lleva a mí también.

Hoy, cuatro jinetes me salieron a esperar

Cuatro estaciones he debido atravesar

Cuatro caminos me llevaron hacia el mar

Para regresar al lugar

Del fruto que maduro he de encontrar.

La melodía de esa canción es un tema de la Sinfonía número Cero de Anton Bruckner. El autor la concibió ignorando esa referencia.

Interrogado Julio Zegers sobre el origen de esta canción compuesta por él no atinó a precisar nada al respecto, en la seguridad de haber actuado con entera inocencia y sin la menor idea preconcebida. En esa ocasión se le dijo que a seis meses del golpe militar él presintió los acontecimientos que estaban en gestación, porque cuando tuvo lugar la conversación sobre el tema, los cuatro jinetes ya se habían hecho cargo de la situación y la patria desorientada cuya silueta "que va o que viene o se detiene…" Marchaba esposada y amordazada por el camino que ellos le fijaron.

Los jinetes, estaciones y caminos configuran un ordenamiento de estructura cuaternaria que se emparenta con el símbolo más importante de la imaginería religiosa araucana, esto es, el signo cruciforme que el chamán mapuche pinta con sangre o tintura vegetal sobre la membrana de su timbal mágico. Ese signo divide el círculo de cuero en cuatro campos en los que se sitúan el sol, la luna, el lucero de la mañana y de la tarde, las cuatro estaciones, las cuatro direcciones cardinales de la plataforma terrestre, y todo el panteón de los dioses divididos en grupos de a cuatro.

El farolero es el que ilumina la vía; el marinero y la lavandera son figuras metafóricas de la totalidad del pueblo chileno. Todos se van y con ellos también se va el cantor, pero por una vía oscura que ya nada ni nadie ilumina. El verso que dice "estoy viviendo en el andén" significa que para el que canta todo se va lejos para dejar el vacío de una total ausencia. Tal es el sentido que tiene el hecho de que la melodía sea un tema de la sinfonía "cero" de Anton Bruckner. Esto es, el fin de la nación chilena como cultura y tradición.

El fruto maduro que en la canción sugiere el fin de un proceso que se concibe como trascendente, parece simbolizar una esperanza cuya materialización no se ha dado. Algunos dicen que el Santo Grial se esconde ahora en la cordillera de Los Andes. Sólo faltan los caballeros que se atrevan a incursionar en ella sin más armas que sus manos y su fe, y sin más vehículo que sus dos pies…

El destino de los cuatro jinetes como gobernantes, cada uno con su cuota de poder y de consenso dio paso a la figura hegemónica del dictador que se situó sobre ellos. En eso se ve también la mano del asesor que explicó que un número par no puede unificar al país, y que para eso se necesita transformar el cuadrilátero de la Junta en un pentágono, esto es, una estrella cuyo brazo principal debe corresponder a un gobernante con el título de Capitán General, para vincularlo con el rango que Chile había tenido como colonia española.

La utilización de la mitología mapuche como esquema de las operaciones que condujeron a la entronización de la dictadura en Chile removió el inconsciente colectivo del país. Muy luego después del 11 de Septiembre de 1973, una multitud de personas interesadas en la historia y la cultura chilena, sin conocerse ni ponerse de acuerdo, acudieron a las librerías a buscar libros sobre la cultura mapuche. Los libreros advirtieron el fenómeno y trataron en vano de explicárselo. En varias universidades chilenas se fundó la cátedra de idioma mapuche y al mismo tiempo que se abrían al público más de una decena de nuevos museos indígenas a través de todo el territorio nacional.

En Santiago se volvieron a celebrar nguillatunes y muy luego empezó el levantamiento del pueblo mapuche que por las vías de hecho se movilizó para protestar por el despojo de sus bienes de que vienen siendo objeto desde hace más de tres siglos.

Los nguillatunes en Santiago se hicieron en la cordillera, en secreto, lejos de las miradas de los curiosos y de los "medios". En ellos se pidió que el pueblo mapuche se pusiera de pié y que se revinculara estrechamente a sus propias tradiciones.

Los militares parecen haber entendido que el polo de tensión espiritual que representa una etnia indígena que aún está en posesión de su cultura, con todas las implicaciones psíquicas que eso conlleva para el alma nacional, era un escollo para la buena fortuna del régimen organizado con miras a una concentración de la riqueza en una elite. En eso se ve también la mano de un asesor que aconsejó efectuar un corte en la vinculación psíquica que los mapuches tienen con la mística de la tierra. Para eso la comisión legislativa que reemplazó al poder judicial y en la cual había empresarios que asesoraban sobre la más conveniente manera de ejercer ese poder del Estado, dictó la ley sobre división de las comunidades indígenas derogando la antigua legislación que las protegía y así asignó títulos de propiedad individuales, con lo que el propietario mapuche cayó en la legislación ordinaria y en eso perdió su especificidad como indígena. Fue una hábil maniobra para despojar a la cultura mapuche de su fundamento natural. El paso de un régimen a otro fue la causa de que el pueblo mapuche perdiera un porcentaje considerable de las pocas tierras que le iban quedando. La reacción no se hizo esperar. Contrariamente a lo que el dictador creyó, el pueblo mapuche se reorganizó en movimientos de reivindicación, hasta la reedición de su primitivo"Consejo de todas las Tierras".

33

DE LA CORONA

Es un 8 de Diciembre especialmente significativo. El arzobispo de Santiago decide liberar a la Virgen del Carmen del monopolio que las fuerzas armadas han ejercido hasta entonces sobre ella como "patrona" para reconocerle un título más acorde con su dignidad, esto es, Reina de Chile.

Hay en esto sabiduría, esto es, que el hecho excede por mucho a sus apariencias.

Poner a una Reina de la nación por sobre una simple patrona de los institutos armados es en este caso como poner a la Iglesia misma sobre la dictadura. Así debe entenderse esto, es decir, como una operación destinada a minar progresivamente el poder de esa dictadura hasta acabar con ella; hecho que deberá ocurrir cuando esta Reina de los chilenos ya entronizada invite al así llamado Santo Padre para materializar en hechos concretos el derrocamiento del caudillo operado por la sola presencia del pontífice y en el breve lapso de un año a partir del día de la visita.

No es fácil para la mentalidad chilena discernir ese tipo de operaciones, regidas por una geometría mental tan exacta como efectiva. El dictador es el remate superior de una pirámide. Según su propio decir, no se mueve en el país una sola hoja de árbol sin que él lo sepa. Pero de pronto viene el hombre vestido de blanco a quien debe recibirse con los honores con que a nadie se recibiría, el cual se supone es el vicario del Mesías, y quien, durante los días de su visita, desplaza de hecho al dictador del vértice superior de la pirámide que él mismo ha montado, abriendo un espacio libre para que los obispos y algunos humildes representantes del pueblo puedan declarar ante él y la nación toda, en cadena de televisión, cuántos sufrimientos tienen que padecer día a día las víctimas de la persecución desatada en el país por los agentes de seguridad del poder, civiles y uniformados.

El pontífice parece ser experto en este tipo de operaciones que ya ha realizado con éxito en otros países. Es claro que él no puede actuar de un modo directo condenando explícitamente al dictador, porque son muchos los hijos de su Iglesia que lo apoyan, no obstante los horrores que están ocurriendo día a día. Lo que sí puede hacer es poner en práctica un precepto de estrategia (taoísta) que reza: "Cuando quieras que algo se debilite, deja primero que se fortalezca". La así llamada Santa Sede es veterana en la práctica de ese tipo de estrategias desde que Carlomagno visitó en Roma al pontífice de su tiempo, y éste lo tomó por sorpresa, poniendo sobre su cabeza una corona de oro y piedras preciosas; acto no previsto en el programa oficial de la visita. Carlomagno entonces tuvo que aceptar el hecho consumado, esto es que no había más remedio que reconocer que el Vicario de Cristo estaba por sobre él, no obstante el título de Emperador de Occidente con que fue investido con esta consagración; sucesor de Constantino y de los reyes francos que le precedieron. Desde entones los pontífices de la iglesia universal han sabido cómo actuar frente a los monarcas cristianos de Europa. Sólo en el caso del emperador de los franceses, el pontífice, en cautividad, perdió totalmente el control de la situación.

En los tiempos posteriores a esta humillación los presidentes de las diferentes repúblicas que se fueron estableciendo en el mundo han estado, como tales, espiritualmente desvinculados del Vicario de Cristo. No puede haber relación alguna de ese tipo, es decir, espiritual, entre el representante del Rey de reyes, como tal y los que no siendo reyes ni recibiendo el poder por consagración, establecen, como tales también, relaciones diplomáticas con el Estado del Vaticano.

Por eso la gran arma que el pontífice esgrime hoy contra los caudillos que violan los derechos humanos no es ya la excomunión, sino simplemente la oración y el asilo. El Santo Padre y la comunidad eclesiástica de su entorno oran para que se haga la voluntad de Dios en la tierra, pero no sin condicionar la petición en ciertos casos a logros precisos, pero que se supone no pueden ser incompatibles con la letra del Padre Nuestro. El Santo Padre y su comunidad oraron muchísimo por los chilenos. Él lo anunció públicamente desde que el ex ministro de relaciones exteriores del gobierno de Eduardo Frei Montalva, don Gabriel Valdés, fue encarcelado por el dictador. Pero para hacer más eficaz esa oración el pontífice ordenó la consagración de María del Carmen como reina de la nación y a ella le rogó ejecutar la delicada tarea de ir debilitando progresivamente el poder del gobernante de facto. Una reina de los chilenos podía más que un simple capitán general. En eso el Santo Padre demostró estar más próximo de lo que podría creerse de la estrategia dialéctica antes mencionada, porque mediante esos procederes se echa de ver que a la fuerza paterna de un Dios puramente masculinizado, él agregó el complemento materno de María del Carmen que antes estaba cautiva del poder militar, y como tal, neutralizada en la fuerza materna que es propia de su naturaleza.

La dictadura hizo dos intentos por emplear ese complemento materno en la estrategia de sus poderes fácticos. Una fue difundiendo la noticia de que en el atentado que pretendió acabar con la vida del dictador en el Cajón del río Maipo, él vio en el vidrio de su automóvil el rostro de la Virgen, quien lo habría protegido en ese trance, bloqueando el mecanismo de la bazuca que le fue lanzada, la cual, en efecto, no detonó.

El otro intento reviste una gravedad que es preciso develar. Se trata del así llamado Santuario de la Virgen de Peña Blanca. Lugar en el que se montó la complicada parafernalia de una aparición supuestamente vista por un joven llamado Miguel Ángel, quien, con el correr de los años cambió de sexo y terminó siendo una bailarina de toples en Perú.

En su tiempo el montaje fue perfecto y miles de peregrinos iban al lugar a orar con Miguel Ángel y a hacer rogativas a la Virgen. Ella, según se explicaba a los peregrinos, sólo se dejaba ver y oír por el muchacho en un trance muy bien simulado en que éste parecía entrar. Dialogaba con la invisible, atacando a la oposición al régimen, según las supuestas instrucciones que ella le dictaba, lo cual era escuchado por toda la concurrencia mediante un micrófono con amplificación de alto poder que acercaban al oficiante de una tal ceremonia. Los peregrinos veían visiones en el cielo e incluso al sol bailar en círculo.

Un sacerdote que la Iglesia designó para ocuparse del caso, después de un año de pesquisas, emitió un informe asegurando que Miguel Ángel era instruido diariamente por los agentes de los servicios de seguridad de la dictadura.

Pocos años después se supo lo del cambio de sexo, y recientemente lo del desempeño profesional del personaje en un lugar de diversión extranjero.

Hasta ahí todo lo dicho estaba en conocimiento de muy pocas personas. Entre ellas un chamán no indígena de nombre Galo Gómez, quien entonces curaba con imposición de las manos. El reconocía sin embrago que había una pieza maestra de este juego que a él se le escapaba, y el autor de este libro, sin tener nada que ver con el dicho juego, y sin proponérselo siquiera le entregó, según su parecer, la clave que él buscaba, de lo cual el suscrito quedó aún más sorprendido que él.

Entonces se puso en conocimiento del dicho chamán criollo la siguiente historia. Durante los años de la dictadura fui varias veces a Valparaíso con un grupo de alumnos de la Universidad Católica de Santiago, más un equipo de músicos y bailarinas. Íbamos primero a los barrios bajos próximos a la Plaza Echaurren y tocábamos, bailábamos, y cantábamos en las calles. Se juntaba mucha gente a escucharnos y a mirarnos, aunque todo ocurría bajo la vigilancia de los guardianes del orden. En una de esas incursiones encontramos a un joven que se interesó de sobre manera en lo que hacíamos. Dijo ser clarinetista de la banda de la Escuela Naval y nos pidió una quena y tocó con nosotros.

Después de hacer nuestra presentación en la plaza nos fuimos cerro arriba por la calle Cajilla, y seguimos el así llamado "camino de cintura" hasta un lugar donde había un club deportivo en día de festejo. El club se llamaba Lautaro, y lo que se festejaba ese día era nada menos que la primera huelga del gobierno militar organizada por el sindicato de estibadores del puerto de Valparaíso. Al pasar frente a la puerta y oír los huelguistas nuestra música, nos invitaron al recinto del club y nos ofrecieron "chupilca" en grandes potrillos de medio litro.

Desde que entré a ese espacio me llamó la atención la decoración de la sala para la cual los socios habían adquirido objetos de arte chino, entre ellos cortinas con diseños de bambúes. Por eso, cuando los huelguistas pidieron que las bailarinas ejecutaran para ellos una danza, a mi se me ocurrió decirles que realizaran una danza china. Ellas alegaron que no sabían nada de danza china, pero yo las alenté a que inventaran la coreografía conforme a una melodía pentafónica que yo tocaría con la quena. La danza fue todo un éxito y la hermandad generada por las circunstancias se reforzó entre los huelguistas y los visitantes. Los brindis fueron numerosos. Entre ellos el más importante naturalmente fue por la "caída del tirano". A ese respecto diré que cuando el presidente del sindicato de estibadores brindó con esa intención precisa, algo se activó en mi mente y recordé una crónica china que describe el proceso por el cual un tirano de la antigüedad fue depuesto por el fundador de la dinastía Tchu, en el segundo milenio antes de Cristo. La crónica enumera sucesos curiosos que ocurrieron antes de la revolución, entre los que se destaca este: "una muchacha se transformó en hombre". Pensando en lo cual, le respondí al sindicalista que antes de que ocurriera lo que él deseaba debían ocurrir algunos acontecimientos insólitos que enunciarían el hecho. ¿Sucesos como cuáles? Preguntó él con extrañeza. Se produjo una especie de suspenso en el ambiente, porque todos hicieron silencio y me miraron fijo esperando lo que yo iba a decir. Entonces, como un vulgar profeta popular, anuncié que antes que el tirano cayera, una muchacha debía transformarse en hombre. El presidente del sindicato, como echándolo a la broma, agregó: "Si el señor profesor lo dice, así tendrá que ser", y todos alzaron sus copas. (Potrillos).

Al término de la visita, un compañero de la comparsa comenzó a dar muestras de haber bebido más de la cuenta. En la calle tuvo que sentarse en el suelo, y para seguir el camino hacia el cerro Cordillera hubo que sostenerlo.

En llegando al Cerro Cordillera, el hombre comenzó a desvanecerse lo cual ocurrió a pocos metros del antiguo colectivo obrero de la calle Castillo. El calor era abrasador afuera, y dentro en el patio central había sombra. Ahí fue conducido el hombre en estado inconsciente. Se puso blanco con los labios morados y grandes ojeras oscuras. La muchacha que era su pareja comenzó a llorar creyendo que se trataba de un paro cardíaco. Los pobladores salieron de sus habitaciones y se acercaron para mirar, pero nadie prestó ayuda de ninguna especie, hasta que una señora algo entrada en carnes y en años, bajó del tercer piso y se acercó al grupo como en la actitud de quien domina la situación. Dijo que era una intoxicación alcohólica y que el hombre corría peligro, por lo cual había que llamar rápidamente una ambulancia a la posta del hospital Van Buren. Fui corriendo al retén de carabineros de la vecindad y pedí una ambulancia, la que para mi sorpresa llegó a los pocos minutos. Internado en la posta del hospital Van Buren el afectado permaneció una hora, mientras yo lo esperaba en una sala llena de gente que debía ser llamada por turno. Sentada a mi lado había una muchacha como de unos diecisiete años, que desde que me senté junto a ella no cesó de mirarme con curiosidad. Se notaba su irresistible deseo de entablar una conversación conmigo, por lo que muy luego se atrevió a preguntarme por el instrumento musical que yo tenía en mi mano, que era una quena. Le expliqué que era una flauta andina. Ella intentó tocarla pero sin lograrlo. Luego me dijo que ella tocaba clarinete y que un primo suyo le enseñaba. Yo por decir algo le respondí entonces que su profesor de clarinete era miembro de la banda de la Escuela Naval (el joven que habíamos encontrado en la Plaza Echaurren). Ella se sorprendió al oírme decir eso y con expresión de admiración me preguntó que cómo lo sabía. Entonces pasándole mi mano suavemente por una mejilla le dije: "Lo sé porque este mundo es muy chico mijita". Ella se echó hacia atrás como rechazando mi gesto de familiaridad. Por lo que me ví obligado a decirle que no era para tanto, porque yo no había tenido la intención de faltarle el respeto. Ella, algo confundida, dijo que no, que no se trataba de eso… Intrigado por su reacción le pregunté de qué se trataba entonces. Ella respondió que no le gustaba que la llamaran mijita. Le pregunté qué de malo había en eso, y ella, como avergonzada respondió que yo no entendía lo que a ella le pasaba. El extraño diálogo se resolvió al fin cuando ella se atrevió a decirme que estaba viniendo periódicamente al hospital, preparándose para una operación que le iban a hacer, la cual consistía, ni más ni menos que en un cambio de sexo. "He escogido el sexo masculino", dijo, mirándome con cierta turbación. En eso estábamos cuando se abrió una puerta de doble batiente y sacaron a mi amigo en una camilla, acompañado de un paramédico quien me explicó que ya el hombre estaba fuera de peligro, que le habían hecho un lavado de estómago y de intestinos y le habían dado un medicamento. Estaba muy débil y tuve que llevármelo en un taxi hasta el paradero de buses, no sin antes subir a la población del Cerro Cordillera a avisarles a los otros que estaban esperando.

Sólo cuando íbamos de vuelta a Santiago en la noche me acordé de que en la sala del sindicato de estibadores yo había dicho sin mucha convicción que antes de la caída del tirano una muchacha debía transformarse en hombre...

Así fue como a menos de un año de saberse por la prensa el resultado de la exitosa operación realizada en Valparaíso que transformó a una muchacha en hombre, el dictador chileno se veía obligado a reconocer ante las cámaras de televisión que el resultado del plebiscito a que llamó para que el pueblo decidiera el destino político de su país, le era adverso.

Gómez, a estas alturas de la conversación había entrado en un estado eufórico que le hacía brillar los ojos. "Esa es la pieza maestra que le faltaba al juego" exclamó, repitiendo varias veces: "Gracias, gracias, gracias... etc.". La transformación de la muchacha en hombre realizada quirúrgicamente, según él, fue de gran poder mágico para acabar con la dictadura y es por no poder contrarrestarla de otro modo que los servicios de seguridad montaron el así llamado "Santuario de la Virgen de Peña Blanca", donde el oficiante de los rituales que allí se realizaban era un joven mutante que después debía ser transformado en mujer.

El relato puesto en conocimiento de Gómez continuaba así: Yo asistí a una de las ceremonias de Miguel Ángel, pero el día anterior, y en el supuesto de que algo de verdad había, yo había subido a un monte de Limache en compañía de un amigo para mirar desde esa altura hacia el lugar de Peña Blanca en que habría ocurrido la supuesta aparición. En la cumbre del monte me limité a hacer oración y mirar la puesta de sol. Pero cuando me disponía a bajar vi dos esferas doradas que se desplazaban a media altura por la ancha quebrada que el cerro tiene hacia el costado norte. Eran, en efecto dos esferas como de unos diez o quince metros de diámetro cada una, como de gas brillante, pero de muy tenue consistencia.

Cuando Gómez oyó eso, se rió con un dejo de picardía. "Se trata de ovnis, naturalmente dijo, ovnis cuya misión era darle muerte a usted". Luego de una pausa, pensativa preguntó en actitud nerviosa ¿y qué hizo usted entonces? Nada, se le respondió, los miré con curiosidad desde la altura y seguí bajando. Pero en llegando a la proximidad de un gran chagual que había en el camino, nos detuvimos y sacamos flores de un racimo grande de apretada inflorescencia. Eran como copihues de pétalos azulados, con grandes estambres de polen anaranjado. Días antes había llovido en la región y cada flor tenía dentro una pequeña cantidad de agua. Al sacar la primera flor y ver que tenía líquido dentro, hice como que brindaba y dije: "Por nuestra madre que está en el cielo" y bebí el líquido que contenía la flor. Mi sorpresa fue grande cuando sentí el sabor dulce como de néctar de ese licor venido de lo alto.

Gómez visiblemente emocionado por lo que estaba oyendo dijo, interrumpiendo a su interlocutor: "Ese brindis; eso fue lo que lo salvó a usted; el hecho de haber brindado con ese néctar por la reina del cielo. Eso impidió que los ovnis cumplieran su cometido"…

La conversación continuó porque Gómez estaba ávido de saber más detalles de lo sucedido. Entonces se le ocurrió preguntar el porqué de la decisión del día anterior a la visita del santuario de la Virgen de Peña Blanca, de subir ese cerro de Limache. "¿Qué pasa con ese cerro?" preguntó.

El relato continuó así: Esa montaña, llamada de las "tres puntas" y que yo llamo de las "cuatro puntas" porque en realidad tiene una cuarta punta más atrás, era mi montaña sagrada. Justo al centro, esto es, equidistante de los extremos oriente y poniente, hay una gran quebrada en cuya base brota una vertiente de agua muy pura en una especie como de pubis rocoso. Por el hecho de haber excursionado en ella desde mi infancia me acostumbré a ver como un símbolo en ese manantial, el cual, terminé asociando por analogía con el que brotó en Lourdes después que la niña Bernadette Soubirou dijo haber visto a la Virgen en una gruta. Y tal vez fue por eso que yo preferí ir a ese lugar el día de la consagración de María del Carmen como reina de Chile y no a la catedral metropolitana.

El 8 de Diciembre aquel hacía un calor intenso en la tarde. Por eso en el cielo no había nubes. En compañía de otras personas fuimos a hacer una meditación en la cima de unas colinas bajas desde donde, a una corta distancia puede verse entera la montaña de las cuatro puntas. Después de las 19 horas nos sentamos ahí en la postura del loto y meditamos durante una media hora, al cabo de la cual yo abrí los ojos y me hallé frente a un espectáculo deslumbrante. No había nubes en el cielo, pero cuando miré al frente, sobre la montaña y a gran altura, podía verse claramente una corona de la misma forma que la que ostenta sobre su cabeza la Virgen del Carmen, y a cada lado siete rayos de gran longitud. Tanto la corona como los rayos eran de nubes, de esas que se desplazan a gran altura y que los científicos llaman "cirrus", las cuales están formadas por microscópicos cristales de hielo. Incapaz de moverme por el efecto de la visión, sólo atiné a preguntar a mis acompañantes en voz baja si ellos estaban viendo lo mismo que yo. Uno de ellos me dijo que desde hacía ya varios minutos lo estaba viendo.

La forma como de copa de la corona, semejante a la de la corona de la monarquía británica, y los trazos longitudinales de los siete rayos a ambos lados, eran nítidos. El parecido con la corona de María del Carmen reina de Chile no era vago ni aproximado, sino impresionantemente real. Media hora permaneció la gigantesca corona brillante sobre la montaña, tiempo al cabo del cual su deformación comenzó a hacerse notoria a causa de los vientos que soplan en esas alturas.

Nadie más que los que estábamos ahí parece haber vivido tal experiencia, aunque no se descarta la posibilidad de que otras personas merecedoras de ver el prodigio lo hayan mirado viéndolo realmente. Pero es de suponer que a esas horas muchos dirigieron distraídamente la mirada hacia el cerro de las cuatro puntas sin que la imagen que entró por sus ojos fuese reconocida por su corazón.

El prodigio se hizo visible a las veinte horas. Después fui informado de que justo a esa hora el arzobispo de Santiago, por orden del pontífice romano puso sobre la cabeza de la clásica imagen de la Virgen del Carmen de Chile, la corona en forma de copa que la caracteriza.

Así la Reina de Chile se situó simbólicamente sobre el cuaternario de las Fuerzas Armadas coaligadas que entonces dominaban el país sin contrapeso.

34

DE LA FOTOGRAFÍA

Soy uno de esos que toman fotografías. Aprendí este arte después de quedar confinado en una cama durante tres semanas a causa de un tifus que contraje comiendo catutos preparados por una muchacha indígena de la décima región. Durante el desarrollo de la enfermedad me vendieron una cámara fotográfica Kanon AE 1 y leí un manual de divulgación. En mi ociosidad divagué mañanas, tardes y noches sobre paisajes, luces y sombras, estimulado por la idea de haber adquirido un poder cuya posesión abría ante mis ojos, horizontes hasta entonces no imaginados. La llegada de este artefacto a mis manos provocó en mí una reacción algo infantil. Como esos planes que los niños urden en relación a ciertos juegos o ciertos juguetes que esperan les sean regalados por sus padres. El juguete ya estaba en mis manos pero yo debía guardar cama mientras la fiebre tifoidea seguía su curso. Por eso mi preparación para practicar la magia de capturar imágenes a través de un lente operó de hecho como una terapia. En esos planes me vi escalando montañas y enfrentando a pleno rostro la luz del amanecer o del crepúsculo. La urgencia de salir a recoger esa luz fue lo que al fin provocó la curación antes de tiempo.

Desde mi primera salida a terreno, y aún antes, entendí que mi euforia por la posesión de una cámara oscura donde me era posible reproducir a escala humana la imagen del mundo, no se debía tanto al poder mismo que yo adquiría sobre la realidad por ese medio, sino porque el ejercicio de ese poder me permitía poseer a futuro un repertorio de imágenes de la naturaleza libres de la interferencia del hombre. Una evasión asistida por la misma tecnología que ha malogrado la trama del orden natural.

El repertorio de imágenes que ahora poseo en fotografías sobre papel y en diapositivas me permite viajar y contemplar la belleza del mundo sin salir de mi casa. Como esos taoístas chinos amantes de la naturaleza, pero que ya son muy viejos para emprender largas excursiones por las montañas y se limitan a desplegar rollos verticales u horizontales de pinturas de paisajes en pabellones especiales de sus casas destinados a este fin. Los paisajes son inventados, por eso sus viajes imaginarios a la lejanía mediante este medio son más impresionantes. Los paisajes de mis fotografías no son imaginarios, existen pero sólo en cierta medida, porque el encuadre y el manejo de la luz les agregan algo. Ese algo es en cierto modo una invención. En la realidad no hay encuadre, hay sólo un área visual cuyos límites derecho e izquierdo, superior e inferior determinan un campo luminoso curvo de contornos imprecisos. En realidad no existe la cromía fotográfica ni la gradación de la luz, esa que el fotógrafo logra mediante cálculos en la escala numérica de su fotómetro. Existe en la realidad un contexto dimensional que la fotografía no puede reproducir, y una cierta tendencia a la monocromía. Pero lo que sí conservan esas imágenes de lo que está ahí afuera creciendo y floreciendo en silencio, es el orden proporcional, la medida. La composición es ya una extrapolación, la cual depende sin embargo de esa proporción, de esa medida. Mimesis del mundo así llamado objetivo que para ser más fiel sólo le falta el tiempo, esa sucesión del acontecer psíquico que se proyecta en la apariencia del mundo. La filmadora introduce en la imagen capturada una temporalidad ilusoria, pero más impresionante que esa cinematografía es la total suspensión del tiempo sin gradación de instancias en la representación del momento único que realmente no existe como instante fijo, porque lo real es un suceder. Con todo, la imagen fija recrea en la mente el momento en que fue captada y le agrega en la evocación el fluir de la secuencia psíquica que es el soporte real de eso que llamamos tiempo.

El despliegue de un rollo de pintura china es gradual y lento. Según la tradición esa forma de hacerlo le agrega a la pintura fija un cierto suceder, el cual, si bien no está en ella, sí está en el acto de ser presentada a la mirada de quienes la contemplan.

No hay nada que fue, en el sentido de que lo sido ya no es.

Lo que fue es aún y siempre. La vivencia cierta de lo pasado, como pasado, ocurre sólo en la mente. No hay pasado fuera del tiempo psíquico, aunque lo dicho de este modo parece proponer implícitamente la existencia de una realidad que es tal aún con exclusión de un sujeto que la perciba.

El hallazgo de un esqueleto de "ascheopterix" con todos sus huesos después de sesenta millones de años de permanencia inmóvil bajo la tierra, constituye una verdadera arremetida del así llamado pasado en nuestro presente. Su esqueleto es lo que queda de un ordenamiento molecular originario. Las moléculas de la materia blanda de sus articulaciones, vísceras, plumas, piel y demases, están aún ahí. El soplo invisible que organizó su apariencia, esto es, su matriz formal, está también en alguna franja de la realidad y no se ha escurrido fuera del campo gravitatorio del planeta.

Los cambios generan la impresión del transcurso o encadenamiento de los instantes, pero cada grado de esa secuencia se apoya en un punto fijo presente que acumula todas las instancias y las inmoviliza en él. Pero ese punto fijo está dentro y no fuera del sujeto que observa el suceder.

La puntual eternidad en la que el tiempo, encarnado en el dios Shiva, ejecuta su danza demoledora. Eso es el presente. El que fui, lo soy ahora pero de un modo que la mente reconoce como distinto en su pensar reminiscente.

El fotógrafo no puede captar más imágenes que las que es capaz de ver dentro de sí. Por eso se puede afirmar que de lo que abunda el ojo habla la fotografía.

Como el insecto que visita una flor al pasar y succiona su néctar, el fotógrafo visita un lugar y extrae de él su materia visual; la incorpora a sus sensores y sistema cerebral. La materia succionada es asimilada en el acto de encuadrar, enfocar, componer y regular la luz conforme al efecto que se desea lograr. Plasmada así en el papel fotográfico, la toma realizada es la proyección de un pensamiento. Para la filosofía hindú la fotografía duplica el poder de Maya, la ilusión.

Quienes viven de un modo estable en un entorno de naturaleza tienden a pensar que el fotógrafo al realizar una toma fotográfica de ellos, les roba la imagen. Así el nativo al creer que la fotografía que se toma de él conlleva un menoscabo de su integridad vital lo hace empleando su mente analógica. El hecho de que en la fotografía quede estampada su figura, se le antoja que es una transferencia forzada por la que él pierde algo de sí. Además el fotógrafo adquiere un doble de su apariencia que después puede emplear para causarle daño mágicamente, en el supuesto de que todo visitante de tez blanca que llega a su territorio en vehículo motorizado, cámaras, alimentos en conserva, ropa inestética, una cruz colgando de una cadena en torno a su cuello, y modales desgarbados, es por principio un sujeto maligno y peligroso; un profanador de la sagrada ley de su tribu.

La naturaleza está viva y registra indefectiblemente todo el acontecer psíquico de quienes transitan o viven en sus espacios. La naturaleza husmea la humana catadura y las ondas que despiden las materias celulares. Los árboles, las rocas y el suelo mismo auscultan las entrañas del hombre y las ondas que emiten sus materias blandas y sus huesos. Hay algo en los humanos que la naturaleza rechaza, quiero decir, todo aquello que los asemeja al depredador que hiere su silencio, que mata su fauna, que incendia su flora, que detiene el caudal de sus ríos, y contamina sus aires y sus aguas. Hay también más sutiles causas por las que una montaña, un bosque o un lugar cualquiera en el campo pueden rechazar a ciertos hombres como personas. Pero hay algo en los humanos que la naturaleza ama, aquello que los diferencia radicalmente de ese tipo de *homo sapiens novissimus* y que los aproxima a su *homo sapiens arcaicus*. El respeto, el silencio, la evocación inspiradora. El mismo modo de tomar una fotografía en ese espíritu es percibido por la naturaleza como un acto ceremonial. El mismo acto de efectuar el encuadre anticipa la energía que se empleará después en mirar la fotografía una y mil veces con el mismo gozo con que el letrado chino mira los paisajes que desenrolla lentamente ante sus ojos y los de sus amigos. Hay que amar lo mismo que la naturaleza ama para que ella consienta entregar su apariencia para una creación fotográfica.

Si las fotografía son un trasunto del imaginario humano, algo hay en ellas que ha sido previsto inconscientemente.

Primera serie de imágenes.

Seis fotografía tomadas en una casa de piedra de las tierras altas del dominio llamado "Los Azules del Tabón". Región Metropolitana. Ruta 5, en la proximidad de las localidades de Rungue y Montenegro.

Fotografía N° 1

Patricio y Patricia aparecen sentados dialogando en un lugar oscuro, ligeramente iluminado, semejante a una caverna. Es la casa de piedra del cabrero llamado Don Narciso Corrotea, en los altos de "Los Azules del Tabón". Parte de sus cuerpos son visibles por la luz que entra por una pequeña ventana cuadrada abierta en el muro de piedra, de la que se alcanza a divisar parte del borde interior detrás de Patricio. El contraste de luz y sombra es fuerte. De toda el área incluida en la toma, las zonas oscuras son más grandes que las iluminadas.

La pareja dialogante aparece junto a una olla de fierro enlozado perteneciente a la familia que habitaba el lugar. Patricio y Patricia se miran y parecen conversar sobre la olla, o sobre lo que contiene, o sobre ambas cosas a la vez. (Se entiende que el tema de esta conversación es ése a juzgar por lo que se ve en la segunda fotografía). Patricio tiene en su mano un tacho con oreja, de fierro enlozado. Parece que tiene intención de echar en él algo del contenido del recipiente. En un segundo plano, al centro del rectángulo de la fotografía, se divisa el fogón ardiendo; sobre él hay una parrilla de hierro. Ambos dialogantes están sentados en banquetas que quedan ocultas por las sombras de la parte baja del recinto. La parte posterior del cuerpo de Patricio está ligeramente inmersa en la sombra, de modo que su cuerpo emerge de la oscuridad sin salir enteramente de ella. Patricia recibe de frente la luz que entra por el vano cuadrado del muro. Su figura se destaca fuertemente contra la semi oscuridad que está tras ella. Tiene en su cabeza una pequeña flor silvestre llamada "huille". El tallo de la flor es largo y sobresale hacia atrás.

La fotografía fue tomada por Gastón sin más artificio que un trípode y un octavo de segundo de exposición. El resultado estético es asombroso, y sólo puede explicarse por la proyección de una fuerza psíquica capaz de organizar la composición en un conjunto perfecto cuyo poder expresivo y sentido se asienta en ciertos patrones de pensamiento que entonces subyacían en el operar inconsciente del fotógrafo.

En la secuencia del tiempo calendario ese instante se sitúa veinticinco años atrás. En ese tiempo Gastón dictaba un curso de Filosofía de Oriente en la Facultad de Filosofía de la Pontificia Universidad Católica de Chile, y la materia precisa del curso era el clásico confuciano llamado "Libro de las Mutaciones", en chino, I CHING. Pero muchos años han pasado antes de que el autor de estas fotografías hiciera consciente el hecho de que ellas, de algún modo, reflejan algunos de los signos primarios y compuestos que son el objeto de estudio de ese libro, esto es, los así llamados "trigramas" y los "hexagramas". Sesenta y cuatro imágenes que corresponden a sesenta y cuatro fases del movimiento, y en las que se contiene toda la realidad aparente. Sesenta y cuatro imágenes que explican coherentemente el suceder humano y el sentido de los hechos más sublimes y también los más cotidianos y banales que nos toca vivir. Una filosofía que Gastón no podía menos que hacer suya. Mediante ella logró quebrar en su mente el cerco de la lógica agobiante del mundo moderno.

El estímulo aparentemente insignificante para hacer consciente la relación oculta de esta composición con los signos del I CHING fue el hecho de que el tacho de fierro enlozado que Patricio tiene en su mano derecha, (el cual, fue comprado, al pasar, en el mercado de Mapocho, ese mismo día), pudiendo haber sido fabricado en Chile, era no obstante, importado de China. Ese detalle fue como una minúscula luz de alerta. Se trata del hexagrama llamado "La Marmita" o "La Olla". Ese hexagrama se compone del trigrama para el fuego, (Li) en la parte superior, y el trigrama para el viento o la madera (Sun) en la parte inferior. En el diseño resultante de la combinación de estas figuras de tres líneas, enteras y quebradas, los chinos ven, según la interpretación tradicional, una marmita de bronce de esas que han sido halladas en tumbas de príncipes de la dinastía Han del siglo III antes de Cristo, y que han causado la admiración del mundo. Recipientes en los que se hacían ofrendas a las divinidades y se cocían alimentos, los cuales se sacaban con la ayuda de un cucharón para ponerlos en las escudillas de los invitados en las mesas de los grandes señores del Imperio. En ambos casos la idea de dar alimento material iba asociada a la idea de alimento espiritual.

La fotografía da cuenta de un extraño diálogo entre Patricio y Patricia en torno a los elementos del hexagrama. En el fogón están materializados los dos signos que lo componen; la madera, esto es, la leña, (o el viento) abajo, y el fuego (la llama) arriba. El diseño resultante, en el cual los chinos tradicionalmente han visto una marmita, se concreta en la olla de fierro enlozado que hay en la mesa. En esa primera fotografía Patricio escucha atentamente a Patricia quien al parecer le formula una pregunta.

Fotografía N° 2

En la fotografía siguiente Patricia escucha atentamente a Patricio quien parece responder a su pregunta con entusiasmo a juzgar por su actitud. Su cuerpo se ha adelantado saliendo totalmente de la oscuridad y su brazo extendido alcanza con la mano derecha el asa en la parte superior de la olla. Está hablando y en la expresión de su rostro se percibe una sonrisa. Su cabeza, que ha girado ligeramente hacia su izquierda, ensombrece sus rasgos faciales, pero no tanto como para que no sea posible percibir el entusiasmo con que responde a la pregunta de Patricia, a juzgar por la expresión vivaz de su rostro. La respuesta parece referida a la olla y su significado. Patricio está seguro de lo que dice, aunque su mano no expresa la intención de levantar la tapa del recipiente, sino solamente la de recalcar algo acerca del significado de él.

Fotografía N° 3

En la fotografía siguiente hay una toma del fogón solo. Es un rincón de la casa de piedra donde debe quedar constancia de que se trata de madera y fuego, y también de viento y fuego, esto es aire que anima el fuego. Es una luz blanca al centro, amarilla y anaranjada hacia los costados, roja en su contorno y en sus reflejos. Pardo oscuro tornando a negro en su entorno más distante.

Fotografía N° 4

En la cuarta fotografía, la esposa de don Narciso, esto es la señora Teresa Monasterio, aparece al lado de la pequeña ventana. La luz divide su rostro en dos zonas. El claroscuro embellece sus facciones y resalta la expresión de bondad y sencillez que hay en su rostro. Su cabello no está cortado en forma brutal y descuidada como suelen hacerlo hoy las mujeres de nuestro pueblo; es largo y en él se destacan caprichosas ondulaciones.

El aire que anima el fuego entra por esa ventana y genera corriente con el que se escurre por las rendijas de la puerta. La señora Teresa parece ser ese día la guardiana de la luz y del aire.

La Marmita china es aristocrática, en tanto que la de la casa de piedra de don Narciso es popular, aunque está misteriosamente vinculada a la marmita de bronce aludida en el libro chino que el fotógrafo tiene depositado en su mente como un pensamiento que se ha hecho carne de su carne.

FOTOGRAFÍA N° 5

En la quinta fotografía aparece Patricio y un niño de facciones indígenas de nombre Reynaldo, hijo del dueño de la casa. Al costado izquierdo del rectángulo se divisa el espesor del muro donde penetra la luz por el vano cuadrado. Patricio aparece inmediatamente después. La parte derecha de su cuerpo refleja la luz que invade el ambiente, pero la pared que tiene tras él está enteramente a oscuras. Inmediatamente después se divisa el reflejo rojo oscuro del fogón sobre las piedras del muro y al otro extremo del rectángulo, coincidiendo con su esquina derecha, se encuentra el niño con facciones indígenas cubierto con un poncho. Si no fuera por el borde del muro que la luz alcanza a iluminar, parecería que la escena tiene lugar en una ruca mapuche. Ambos tienen en sus manos tachos de fierro enlozado con algún contenido que se disponen a ingerir.

Sobre la mesa circular está la olla y una hermosa fuente de artesanía de madera tallada. Está vacía y su borde circular brilla destacándose del sombreado oscuro de su ruedo e interior. Patricio no dice nada e inclina ligeramente su cabeza como haciendo una reverencia al muchacho. Este tiene sus ojos cerrados. Se diría que ambos están orando.

El hexagrama configurado se compone del trigrama para el hijo del medio y el hijo menor, en atención a los tres hombres que figuran en la serie de fotografías realizadas ese día en la casa de piedra. El hijo mayor es Gastón, esto es, el trueno, Dshen; el hijo del medio Patricio, esto es, el agua, Kan; y el hijo menor es Reynaldo, esto es, la montaña, Ken. En esta escena se configura el hexagrama número 39 llamado la "Obstrucción".

Patricio busca abrirse paso en la vida para realizar algo que anhela pero sin saber concretamente qué es. No trabaja, aunque ya tiene veinticuatro años. En su familia encuentra oposición por su comportamiento atípico, bohemio, inspirado. Su búsqueda se enfrenta a obstrucciones que se hallan dentro de él. Nada ha hecho para hacerse valer ante el sistema imperante que él detesta aunque de hecho, depende del sistema. Entonces sus obstrucciones interiores toman la forma de fuerzas contrarias que le salen al paso desde afuera. El hexagrama configurado espontáneamente por el fotógrafo que, sin percatarse de ello, buscó la composición adecuada para expresar esa situación, contiene la respuesta. Esa respuesta, según el I CHING está en el trigrama inferior, esto es, el del hijo menor, la montaña, simbolizada por Reynaldo. Su continente de absoluta quietud, lo que justamente constituye el atributo de la montaña, es la respuesta que Patricio necesita para vencer la obstrucción.

Patricio debe aquietar y centrar los impulsos de su corazón.

Según las correspondencias que se establecen entre los hexagramas y el diseño global de los momentos y períodos que viven los hombres en el cumplimiento de su destino, el trigrama inferior representa el interior de la persona, y el trigrama superior, lo que se manifiesta de ella hacia afuera. Patricio, al inclinar su cabeza ante Reinaldo como en actitud de asentir, parece decir con ese gesto que la enseñanza significada en esa figura, él la acepta. El hecho de que Reynaldo sea un muchacho anónimo de baja extracción social y facciones indígenas, revela la alta estima en que Patricio ha tenido siempre la sabiduría tradicional de nuestros pueblos originarios.

FOTOGRAFÍA N° 6

La sexta fotografía representa un ágape. En torno a la mesa circular están cuatro personas. El vano cuadrado está situado en la esquina superior izquierda del rectángulo. El encuadre lo incluyó en su media longitud. De izquierda a derecha el primero es Patricio. Está sentado junto a Reynaldo. En un segundo plano aparecen Patricia y Anita. Patricio sonríe pero sus facciones miradas contra la luz que entra por la ventana están en la sombra. Está relajado y no tenso como en la primera fotografía. Reynaldo da la espalda a la cámara. Patricia está de pie y se dispone a ocupar su asiento en la mesa. Está frente a Reynaldo; lo mira y su gesto parece expresar una especie de reverencia. Anita en el extremo derecho de la mesa está sentada y mirando a Reynaldo también con una expresión sonriente de mucha complacencia.

La disposición de los comensales establece un paralelismo entre Patricio y Reynaldo por una parte y Patricia y Anita por otra. Y si aquellos son Kan y Ken, esto es, el agua y la montaña; el hijo del medio y el menor, éstas son Li y Dui, esto es, el fuego y el lago, la hija del medio y la menor, en referencia a las tres mujeres que figuran en la serie de fotografías tomadas en la casa de piedra, siendo la señora Teresa Monasterio la hija mayor, esto es el viento y la madera. Curiosamente por la ventana a cuyo costado derecho fue fotografiada, entran las suaves oleadas del viento constante que sopla en esas tierras altas, y en la proximidad de su rostro se divisa el marco de madera que toscamente le han puesto al cuadrilátero de la ventana. Fue ella además quien trajo la leña para el fogón, la encendió y sopló para avivar la llama.

La conjunción de Li y Dui configura el hexagrama número 38, llamado la "Oposición". Se trata de dos trigramas que representan fuerzas opuestas. La llama asciende y el agua del lago se apoza abajo. Se trata de dos amigas que por un corto tiempo congeniaron, pero cuyos destinos fueron muy distintos. Por eso el ágape ideal que aquí se representa, en lo que a ellas se refiere, no supone necesariamente un vínculo de amistad fecundo y durable. En cambio es notorio que tanto Patricio como Patricia y Anita están los tres referidos a Reynaldo, como reconociendo que él, por ser quien es y vivir como vive, posee la sencillez y la estabilidad psicológica, de que carecen personas más complejas e inquietas. Anita cuyo rostro emerge de las sombras, expresa una alegría que tiene su raíz en el interior. Ese gozo sereno es justamente el atributo de Dui, el lago, la hija menor.

Hay otras dos fotografías tomadas también en la misma casa de piedra, las cuales han sido pegadas en un álbum de modo que la una aparezca seguida de la otra como en una continuidad de sentido.

En la primera situada al lado izquierdo, el lado del inicio de una serie, aparece Patricio. Su imagen comprende la totalidad del rostro, los hombros y parte de los brazos hasta la línea media del pecho. Sus cabellos y su barba son extremadamente largos; algo semejante al célebre autorretrato de Albrecht Dürer, que se halla en la pinacoteca de Münich. En su rostro inexpresivo se destaca sin embargo una mirada que impresiona por su gravedad; algo que parece tener relación con el contraste extremo que produce su figura contra un fondo de total oscuridad. Está situado en ese espacio de manera que sólo el costado derecho queda expuesto a la luz que entra por el vano cuadrado. El efecto logrado es el de una perfecta simetría de luz y sombra, pero el conjunto vibra en el silencio con un ronco murmullo subterráneo. La gravedad de la mirada, conlleva una cierta parte de miedo, que bien parece corresponder al efecto logrado. Un hombre que recibe la luz (del oriente en este caso) pero en cantidad insuficiente.

La fusión sin graduación del lado oscuro de su rostro con la oscuridad del espacio en que su imagen se destaca, contribuye a acrecentar la gravedad de la composición.

El observador de esta fotografía al mirarla no puede dejar de sentir que el miedo de la mirada de Patricio se sale de ella hacia sus ojos. El trazo imaginario que divide la figura de Patricio en dos mitades contrastantes está situado exactamente en el eje dinámico del rectángulo de la fotografía, el lugar en que los pintores clásicos situaban a los personajes notables. Esto es, el trazo vertical que divide los lados horizontales, superiores e inferiores, en "sección áurea"; esa coincidencia, por demás significativa, representa al ser en estado potencial que subyace en Patricio. Un hombre dominado sin remedio por el lado oscuro de su ser, no merecería una fotografía así.

En la fotografía que sigue a ésta, como en una continuidad de sentido, aparece Gastón junto al fogón con un tacho en su mano en la actitud de quien se dispone a beber su contenido. La marmita cerrada alcanza a percibirse apenas en el borde inferior del rectángulo. La fotografía fue tomada por Patricio y a diferencia de la anterior, en ésta, Gastón aparece recibiendo la luz del vano cuadrado en la totalidad de su rostro.

La expresión es de serenidad con una cierta parte de gravedad. Sus ojos se dirigen hacia la luz, aunque de hecho parecen dirigidos hacia la fotografía que le precedió.

Ambos personajes reciben la luz de la misma fuente. La ventana está situada al oriente y las fotografías corresponden a la época en que Gastón dictaba el curso de filosofía de Oriente. En ese sentido, la fotografía anterior es una imagen que bien expresa el principio básico del sistema filosófico del I CHING, lo cual Lao Tse expresó en el epigrama XLII de su libro del Tao en los siguientes términos: "todas las cosas tienen una parte de luz y otra de oscuridad".

Si Gastón mira hacia esa imagen, su actitud, al hacerlo, expresa bien la cosmovisión que generó en él entonces el estudio de ese clásico confuciano, y el modo cómo su carácter fue modelado por la lectura que hizo del acontecer conforme a esa dialéctica cósmica, y eso haciendo abstracción de que la imagen que la expresa en la fotografía sea un hombre que tiene nombre, identidad, y destino propio.

La diferencia que puede percibirse en ambos retratos parece corresponder en Gastón al hecho de que esa cosmovisión dialéctica conlleva, para quien la profesa, una permanente invitación al equilibrio de los contrarios.

La fotografía corresponde a la época en que el padre de Patricio tuvo una conversación con Gastón y en la cual le transfirió la patria potestad sobre su hijo en una confesión de mucha intimidad y confianza. En esa ocasión, él reconoció no saber como ser un padre para este muchacho, reconociendo además que Gastón, sin mucho esfuerzo de su parte, parecía tener las condiciones psíquicas que se requerían para que Patricio pudiese reconocer en él a una figura paterna que le sirviera de apoyo en esa época de la evolución de su carácter.

La fotografía de Gastón lo muestra como en un suspenso mental. Tiene en su mano derecha uno de esos tachos de fierro enlozado comprados en el mercado de Mapocho y que fueron importados de China. Está a punto de beber el contenido del tacho, lo cual en el contexto simbólico analizado se relaciona con el alimento espiritual que todos los congregados en la casa de piedra extraen del caldero chino, transformado en olla chilena.

La mano izquierda de Gastón parece aproximarse a la olla, mientras en el costado izquierdo del rectángulo arde el fogón destacando la materialización de los trigramas que componen el hexagrama del caldero chino, esto es: viento, madera y fuego.

Veinticinco años después un compañero de excursión fotografió a Gastón mientras caminaba a la distancia con paso decidido pero sigiloso hacia la casa de piedra abandonada en las tierras altas de "Los Azules del Tabón". Todo lo que es madera y alambrada fue llevado; sólo permaneció la casa de piedra en la que ardía el fogón y se preparaban los alimentos cocidos y asados y se compartían en una mesa de medianas dimensiones, bajo un ventanuco cuadrado.

Esa fotografía, como otras, ha resultado ser, por su composición, un reflejo de las ideas antiguas (arquetipos) depositadas en la mente de Gastón por el estudio de los clásicos confucianos y taoístas. La imagen resultante no incluyó el cielo. La casa de piedra está cerrada, sellada por una ausencia de doble significado. Ellos, los de entonces se han ido; esto es, don Narciso y su familia. Se han llevado los objetos transportables que les sirvieron para instalarse en otra zona. Y los visitantes también. Los de entonces se habían ido lejos de esa atmósfera de cósmica y cálida humanidad, pero su corazón había quedado cautivo dentro de esos muros ennegrecidos por el hollín y espolvoreados de ceniza.

La imagen del momento capturada en la fotografía configura el hexagrama llamado "El Retorno". El fotógrafo entendía lo que ocurría dentro del caminante: el sentimiento que guiaba sus pasos hacia la casa de piedra en el momento de tomar la fotografía, y sin que él supiera que en ese preciso instante lo estaba incluyendo en el encuadre de su cámara, por eso la imagen resultante expresa lo que expresa, esto es, el retorno. En el rectángulo de la fotografía se ve una pequeña explanada de ligera curvatura en la que está emplazada la pequeña casa, y más allá dos lomos curvos de colinas en un segundo y tercer plano, cubiertas de espinos y litres. La figura de Gastón es minúscula y sobre ella no hay cielo sino tierra. Los excursionistas eran tres. De esos tres Gastón era el mayor, Patricio era el del medio y Teodoro era el menor. El hexagrama "El Retorno" se compone del trigrama para el trueno abajo y el trigrama para la tierra arriba. En la fotografía el mayor (Gastón), esto es el trueno, está abajo, y la tierra, eso es la madre, está arriba. En los hechos esa excursión no fue sólo un retorno en el sentido de volver después de veinticinco años a un lugar en el que se ha estado antes, sino también un retorno al espíritu que animaba las peregrinaciones de esos años. El protagonista del momento único captado en la fotografía buscaba entonces afanosamente desprenderse de todo lo que podía impedir la recuperación de esos espacios cósmicos y espirituales, para que todo fuese en verdad un peregrinaje a sus propias tierras hondas.

Decir que las imágenes hablan, eso significa que son textos de formas y luces de los que la ley de la polaridad puede dar razón. La ley de la polaridad es la medida del lenguaje inaudible de los cuerpos que reflejan luz y desplazan aire.

Las imágenes que se han captado en estas fotografías no son como son sólo por la apariencia del objeto representado y la mecánica del artefacto empleado para captarlas y fijarlas sobre una superficie. Ni lo son aún por la composición resultante del encuadre y demás operaciones que preceden a la toma. Lo son por la ley de la polaridad en virtud de la cual se escoge una composición determinada, pero no sólo en atención a un cierto logro estético, sino al significado subyacente que los elementos de la composición tienen en referencia a esa ley.

Gastón es Gastón, pero confrontado con Patricio y Teodoro, es el hijo mayor, esto es, el trueno, Dshen, y combinado con los otros dos por su significación como hijos medio y menor, resulta una historia narrada sin palabras en referencia a la anécdota precisa elaborada por el destino para cada uno de ellos en el momento de captar la imagen bajo el efecto de un determinado estado interior.

Tanto en la serie de fotografías de hace veinticinco años como en las realizadas recientemente, siempre el fotógrafo se preocupó inconscientemente de tomar las providencias necesarias para incluir en el contexto a los tres hijos y a las tres hijas del matrimonio del Cielo y la Tierra, y cuidando así que las composiciones fotográficas resultantes correspondan con los signos del I Ching, los que a su vez son formaciones lineales derivadas del binomio "luz y sombra" (el trazo entero y el quebrado o discontinuo).

Esta misma lectura dialéctica de las imágenes fotográficas podría hacerse empleando un léxico no chino, quiero decir, mapuche. Los mapuches de Chile rinden culto a una divinidad suprema que es bisexual. Es luminosa y oscura, activa y receptiva, paterna y materna. Asimismo resuelven el binomio de este padre y esta madre antiguos en otro binomio joven y renovador. La terminología empleada en mapudungun sería la siguiente:

Padre Cielo Madre Tierra Joven Doncel Joven Doncella	(Yang anciano) (Yin anciano) (Yang joven) (Yin joven)	Huenu Füchá Ñuque Mapu Hueche Huentru Ülcha Domo
Trueno Agua Montaña	Gastón Patricio Reinaldo (Teodoro)	Tralca Co Mahuida
Viento o Madera Fuego Lago	Teresa Patricia Anita	Küref o Alihuén Kütral Lafquen (Llefke llefke)

35

DEL ASALTO

Era el régimen del terror; el miedo de decir y/o hacer lo que podía resultar sospechoso y/o irritar a los ejecutores de órdenes superiores. Era la constante información del sufrimiento de los otros; como quien contempla pasivamente desde una playa la desgracia de los que naufragan sin poder oírlos ni hacer lo que uno quisiera que otro hiciera por uno en un caso semejante.

En lo personal la reacción debía ser humana y poética a la vez, como un ir deliberadamente al encuentro del peligro para palparlo en su misma plasticidad. Inmiscuirse en el espacio en que el hombre desquiciado ejerce su poder sobre el humilde subversivo pero indefenso (torturas, muertes, desapariciones puras y simples). La inquina por la sola presencia del desposeído, del que por origen se le parece y pone más de manifiesto aún la cuota de poder que se le asigna para diferenciarse de él maltratándolo.

Como si el coraje nos perteneciera por ser quienes somos, entrando como quien sueña en la bruma del bullicio nocturno, libertario y libertino. El cambiante diseño de calles antiguas de vieja reputación. Clave, Cajilla, García Reyes, Las Perdices. Ascendentes, quebradas, oblicuas.

El desafío de eso a lo que uno se cree capaz, esto es, la exposición de nuestra piel indefensa a la posibilidad del tajo, el golpe y la fractura, o el despojo violento de lo que se lleva sobre sí.

Forma especial de poesía ambiental y su topografía de muros y fachadas de estilo. Ventanas abiertas al vacío interior o iluminadas. Callejas y empedrados que emiten reflejos acerados por el pulimento del paso de vehículos y el pisoteo de las gentes. Volúmenes emergentes de una geometría malograda por décadas de inmovilidad y rutina mental.

Indecentes boliches y casas clausuradas sumergidas en la densidad de su noche, cuando todo suceder sucede inmerso en el chillido y el tamborileo binario de músicas entrecruzadas que agreden y se agreden, y no esperan ser escuchadas sino tan sólo sonar.

Tiene senos abultados la "niña del ambiente". Labios gruesos y cinturón ancho con hebilla de bronce. Lo vio pasar desde el mesón en que bebe su vino blanco. Sale tras él y aborda a ese mirón del sábado por la noche. Algo gatilla en ella, sin embargo, una buena disposición hacia él, aunque sabe que él podría pagar satisfactoriamente sus servicios. Lo que la mueve al parecer es un deseo de bien hacia su persona. Él lleva puesta su manta araucana. Parece seguro de sí mismo en ese abandono con que va entrando al mundo del peligro. Pero ella lo ve de otra manera. El forastero que en su ignorancia del espacio al que va ingresando está en la indefensión. Su gesto es amoroso y no espera ser retribuido. Su gesto es maternal. Quizás vio bajo la manta indiana más a un niño grande hurgando en el mundo de su vieja infancia. El apelativo de loco no es un abuso de confianza en ese estilo: "Oye loco, ¿pa dónde vay? No subay por esa calle (Cajilla) a esta hora. Te va a ir mal por allá". El sonríe como desentendiéndose de ella, pero ella insiste y lo coge por el poncho y lo fuerza a retroceder, reiterándole sus aprensiones. "No es lugar para ti éste, loco, vay a salir mal de ésta". El sonríe otra vez y con entera tranquilidad le dice que él está lleno de amor, y que por eso nada malo puede ocurrirle. Ella se sorprende y lo queda mirando. Después suelta la risa, pero no atina a responderle nada. Tan sólo ríe. Después sonríe como mirándolo de soslayo y le pasa suavemente la mano por la cabeza. Se despide de él y se aleja. "Ya te lo advertí, loco, le dice ella, sigue tu camino pero te vay a acordar de mi". (¿Ves nena, como me estoy acordando?).

Subir por la recta pendiente de la calle Cajilla a las once de la noche sin que nada de lo temido le ocurra, eso es ya una proeza caballeresca. Es observado, saludado a veces, pero no agredido. El amor es una coraza protectora… Mal se dice "coraza". Es una delgada malla que protege nuestra evidente fragilidad. No discrimina, aunque por ella se es discriminado; quizás injusta pero amorosamente discriminado, pues no son muchos los que saben protegerse de ese modo. Tantas cosas significativas se han acumulado tras él para que sea empujado ahora hacia esa poderosa alucinación forzada por la acción de una luz artificial. Es puro teatro piensa él; el contraste extremo entre lo iluminado y lo que se detiene en la frontera de la sombra. Es el espacio dispuesto para una acción dramática o fílmica. El mundo de los desheredados que pululan en las descascaradas habitaciones de un pasado de grandeza, pero que bien lleva su actual degradación y en ella elabora su nueva versión de lo bello. La aleación de la pura y simple tarea de subsistir, más la locura, el acabamiento, el delirio del alma al efecto del alcohol o la droga. Hallarse ahí en el momento de vivir conscientemente una figura teatral y aventurera.

No sólo el terror de una dictadura militar, también el terror burgués al mundo de la marginación de los que agreden y hurtan ("El hombre asediado del pan y del cuchillo"), el régimen de su propio terror nocturno, el que padeció en su primera infancia cuando no sentía su espalda apoyada en la cama y levitaba según creía, acosado por el vértigo de una altura imaginada. Teatro de verdad, piensa él, como cuando los revolucionarios de mayo ocuparon el "Theâtre de L`Odeon" de París, que data del siglo XVII, y discutieron sus problemas con sus camaradas y contrarios en las butacas de terciopelo rojo, en algunas de las cuales hasta se sentó el mismo Luis XIV, bajo la luz de millares de velas de suntuosas lámparas de lágrimas. Eso era teatro, de verdad, no teatro de libreto, decía Erik, el director del comité revolucionario que ocupó el lugar.

Este era ahora su teatro, y el proceso de ir entrando en él suscitaba muchas preguntas acerca de sí mismo. El salir indemne de esa prueba era, hasta el momento de tomar conciencia de ello, la señal que acredita la invitación del destino.

¿Quién me espera?

Debió preguntar como el poeta en la selva del Orinoco. La verdad es que él buscaba ser asaltado o detenido por sospechoso esa noche. Aunque lo más seguro era el asalto y no la intervención del policía que desaprensivamente abandona la calle a su propia ley nocturna. No lo tenía claro en su mente, pero había en él una como seguridad de no ser victimado al menos como se lo suele ser de ordinario. Aunque eso de tentar a Dios no siempre tiene un final feliz, aunque tentarlo con el amor es menos peligroso que con la pura temeridad.

Llegando a la subida Las Perdices, gira a la derecha para seguir por los meandros de lo desconocido. Entonces es llamado por un simple "pss", desde el boquerón rectangular de un pasadizo oscuro que termina en una puerta interior. Se trataba de hacer justamente lo que no se debe… No recuerda haber sentido la más mínima vacilación al acceder a esa llamada venida de la oscuridad.

No ha quedado en él memoria alguna de miedo o angustia por el hecho de que tres "lanzas" allí ocultos lo hayan cogido por el poncho y lo hayan introducido en el recinto no sin cierta violencia.

¿No era eso lo que él buscaba? Pero el borracho que se cae de un carro nunca se daña. Otro tanto puede decirse de quien cae en manos de delincuentes más atentos al goce de vivir que a la rapiña que en ellos suscita la vista de uno de nivel más acomodado, próximo a caer en su celada.

Eran tres pero diferentes entre sí, como él se sentía diferente de ellos.

La rutina del oficio que hiere y ofende, nada de eso se dio en este cuerpo a cuerpo. Fue un ingresar feliz al mundo de la oscuridad por el pasadizo de tránsito que transfiere la realidad a otra región de objetos y personajes. Era el momento cúlmine de su acción teatral. La iniciación del neófito ahogado en el orden imperante que, al precio de su integridad física, busca un orden que puede ser desorden pero que es otro. En el corazón del casco antiguo de Valparaíso, en el trecho que une el cerro Toro y el Santo Domingo. El casco peligroso y místico de los conjuntos de música andina y los "lanzas" inspirados que deliran y poetizan en su momento.

En la penumbra están los tres asaltantes y su víctima. Ahí viene la plata habían dicho cuando lo divisaron desde la calle alta venir hacia ellos con paso lento pero seguro. Parece blandito habían dicho al divisar su contextura delgada y flexible. Estaban bebiendo y querían seguir bebiendo a costa de él seguramente. Pero no era eso… Y eso que no era lo vulgarmente esperado, los detuvo. Fue un intercambio de miradas en la oscuridad; hasta de sonrisas se puede decir, en la espera del acto consumado que no se consumó. Y todo para terminar diciendo que hubo respeto, pues el que parecía ser el jefe de los otros dos, aquel que dijo ahí viene la plata, vino al paso con su pregunta clave para salir de la inmovilidad: "¿Qué tenemos de común tú y yo?". Hubo un silencio lo suficientemente extenso como para que el interrogado captara que estaba siendo sometido a una prueba. Sólo atinó a responder "debe ser la protesta, creo yo". Los lanzas se miraron entre ellos y aprobaron con un movimiento de cabeza; luego le pasaron la garrafa en que bebían y lo invitaron a beber con ellos.

Un encuentro singular para un destino también singular. Aquel que dijo: "Ahí viene la plata" y a quien los otros llamaban Richard, se sintió tocado en su interior por lo que parecía ser un eco de sus propias palabras que le venía en la respuesta de su víctima. La misma pregunta traía ya la carga de una respuesta implícita y dada por segura, es decir: "Nada hay en común entre tú y yo". Aunque la sola ocurrencia de dirigir al extraño esa pregunta, lo que en un asalto resultaba ser un hecho insólito, traía consigo la intuición de que ni él mismo podría al fin responderla del modo terminante que pudo suponer. Porque era evidente que desde un comienzo el asalto se había trasmutado instantáneamente en un encuentro. Richard dirá después que al conocer a su víctima supo de la vida algo más que lo que ya sabía. Y la víctima responderá que al conocer a su asaltante supo de sí mismo y de su pueblo más que lo que hasta entonces creía saber.

36

DEL BASURAL

Al basural antiguo el habla popular lo llama "botadero". Al de hoy se le llama "relleno sanitario". Una diferencia de estilo; palabra, ésta última, con la que se quiere denominar aquí todo un mundo.

En el fundo Las Bateas, a un kilómetro de la Ruta 5, en la región metropolitana, en la vecindad de las localidades Runge y Montenegro, hace unos ocho años se instaló un relleno sanitario. Para poderlo instalar y superar el problema de la protesta de la población local que se oponía, se recompensó a la comuna con un lugar de diversiones, algo como un Fantasilandia en pleno desierto calcáreo, en la cuesta que asciende desde Polpaico a Runge. Una instalación demencial, con piscinas múltiples, laguna, juegos varios, y cabañas, a la que nadie del lugar ni de ninguna parte concurre ni puede acceder. Pero lo importante para los lugareños, en verdad, ha sido el poder exhibir esa muestra de progreso a todo el que transita por la ruta 5; algo que según su parecer le subió el pelo a la zona, lo que bien vale la vecindad de un relleno sanitario.

Un lonco mapuche tenía guardados bajo llave en una ruca especialmente habilitada para ese efecto, todos los artefactos de que se sirve hoy un ciudadano globalizado. Él solía mostrarlos a sus visitantes de nota, aunque él no los usaba. Todos eran electrodomésticos y él vivía alejado del tendido eléctrico nacional.

Un pescador de Chiloé que solía ver televisión conectando su televisor a una batería de camión, seducido por un aviso publicitario, decidió invertir sus ahorros en una camioneta de marca japonesa, la que le fue depositada en una playa por una barcaza. Como el vehículo venía sin bencina y ninguna de las personas de su entorno ni él mismo sabían conducir, quedó estacionado en la arena y pronto fue cubierto por la marea y reducido a chatarra, sin que eso, al parecer, causara mayor contrariedad a su propietario, satisfecho tan solo de haberlo podido comprar.

El estilo es proyección de la persona y está en la persona. Todo el que es persona tiene estilo. Pero no todas las personas son realmente tales. Hoy la raza de las personas da muestras de haberse extinguido.

El hombre de hoy abandonó su persona, para ser sólo parte de una masa sujeta a la ley de la obsolescencia. Hoy es posible que el hombre llegue a ser o parecer al menos, materia desechable.

El botadero tiene estilo, no así el relleno sanitario. Del uno al otro hay un proceso de degradación que es degradación histórica de las personas y putrefacción química del mundo. El mundo como un orden de cosas y seres desechables que se amontonan en nuestro entorno, y la sociedad como un orden de sujetos desechables que se distancian por el hedor que proyectan unos sobre otros.

El nombre folklórico del basural antiguo contrasta flagrantemente con el nombre técnico del otro, denominación inofensiva y aséptica tras la cual se oculta el horror de los desechos del mundo moderno.

El botadero conserva una cierta dignidad poética, al menos en las capas más antiguas de su masa acumulada de desechos. La masa acumulada en otras décadas permite que ahí algunas personas puedan habilitar cavernas de cierta profundidad donde guarecerse a fin de permanecer en el lugar por tiempo indefinido y trabajar seleccionando materiales que después serán vendidos a quienes puedan necesitarlos para diversos fines. No es posible hacer eso en un relleno sanitario. El tipo de desecho que en él se acumula no corresponde a nada que haya sido concebido con estilo.

Las reacciones químicas de su oculta digestión nos conectan con la alquimia negra, réplica de lo que se pudre en el oscuro basural de nuestros pensamientos. Suciedad que ni el más inmundo de los espíritus malignos llegó jamás a imaginar. Los demonios errantes prefieren habitar en lugares desérticos, y los desiertos suelen o solían ser limpios, esto es, libres del rastro de la impureza humana. Hoy quedan pocos lugares desérticos libres del desparramo de nuestra suciedad.

Su hedor se relaciona directamente con el vacío interior donde se gestan los siniestros proyectos que mantienen a los hombres detenidos en la trayectoria de la evolución. En esa estación de inmovilidad evolutiva se desencadena el cáncer.

Como en todo lugar así llamado "centro de operaciones", en el relleno sanitario hay personal especializado y uniformado; hay guardias de seguridad armados; hay instalaciones, vehículos, alumbrado, línea férrea, por la que llegan trenes cargados con todo lo que la metrópoli enferma segrega y aparta para que no pueda ser visto el vínculo que homologa nuestra deformidad interior con eso que alejamos de nuestro radio de acción, aseado y aséptico.

En el botadero, en cambio, hay una población flotante de seres que humanizan la basura al contacto de sus manos, al cavar en ella su habitáculo y clasificarla para separar diversos materiales. Así subsiste en el botadero un dejo de cultura, la de los desechos aprovechables. Escarbar, descubrir, escoger, clasificar, juntar, ordenar, embalar, conducir. Carro empujado o tirado a mano, que desciende por las empinadas calles de Valparaíso hacia los barrios bajos donde reside la clientela de estos productores. A lo que se suma: convivencia, organización, léxico característico, tradición y mística del oficio. Todo en el botadero de Valparaíso situado en los altos ponientes de sus colinas costeras conserva un cierto estilo, y eso, por lo que queda de su masa secular acumulada.

¿Mística del Oficio?

Conozco una persona que ha luchado por no dejar de serlo, que ha abrazado la causa de las personas y quien por algún motivo que no pudo esclarecer en un primer momento, concibió el proyecto de visitar el "botadero" de Valparaíso. Con este fin contrató a cinco matones a quienes pagó previamente por su protección, pues se le hizo saber con anterioridad que si iba solo podía no salir vivo de su experiencia. Permaneció ahí durante dos horas, al cabo de las cuales, comenzó a sentir síntomas de desvanecimiento. Con todo, en ese breve lapso vio lo que necesitaba ver para que su experiencia fuera todo lo edificante que se requiere como para dejar constancia escrita de ella. Vio la enfermedad de la tierra. Un mal curable, a pesar de todo. Un mal humano. Rastro de suciedad de una especie de ser vivo desarticulado del natural ordenamiento, pero que aún no pierde totalmente su humanidad. Conoció la cultura de los desechos encarnada por el sector más malogrado de la especie. El troglodita que deseándolo vivamente, no puede hallar el camino de retorno a su gruta ancestral y sólo aspira a guarecerse en la caverna que el mismo ha cavado en la masa de su impureza acumulada por siglos de aire viciado y abusos de la mente y el cuerpo.

Pudo concebir tal vez el despiadado pensamiento de que los que allí viven, en sí mismos son sólo basura humana. Pero nada del estilo del "botadero" de Valparaíso pudo fundamentar en su mente una tal idea. Su memoria del hecho, a menudo reactivada, anima aún hoy en su visión interna el espectáculo insólitamente grato de ver, numerosas banderas de la patria ondeando al viento, hábilmente colocadas en estacas clavadas en la masa semi blanda de lo que ahí se fue juntando y estratificando desde tiempos inmemoriales. Todas estaban sucias pero no tanto como para que no pudieran distinguirse su diseño y sus colores. Algunas pequeñas, otras medianas. Entre ellas una que carecía de estrella… Interrogado el dueño sobre el porqué de esta anomalía, respondió que la estrella se le había volado el cielo.

Celosos de su espacio estos artesanos del desecho, suelen ser agresivos con los intrusos a quienes suponen la intención de disputarles su fuente de recursos. Uno de ellos particularmente agresivo al parecer, habitaba en una caverna cavada en un bajo que tal vez él mismo había devastado para situar la entrada de su guarida en las estratas más profundas y por eso, más antiguas del botadero. La entrada estaba tapada por una tela de saco, a través de la cual dejó oír su voz, sin asomarse para mirar a los que se aproximaban. Se limitó a insultar y a amenazar. Uno de los acompañantes en voz alta le hizo saber que no había razón para inquietarse porque nadie le iba a quitar nada de lo suyo. Era un hombre pequeño, de unos cuarenta años, de pantalón raído y polera. Levantó la tela de la entrada y miró hacia fuera con desconfianza. El visitante sin vacilar se adelantó y lo saludó con cortesía, llamándolo "señor". Hasta se atrevió a darle la mano. Su rostro ostentaba una cicatriz bastante larga en posición diagonal. Era un cara cortada y de seguro tenía otras cicatrices en su cuerpo. El respondió al saludo cortésmente también y sonrió, y sin mediar más palabras dijo: "Yo soy el cordero…". El visitante lo miró fijo tratando de entender el significado de tan peregrina declaración, y le preguntó por qué él se presentaba de ese modo. Él le respondió entonces: "Si usted entra en mi casa lo sabrá". Los acompañantes desaconsejaron una tal osadía y se lo hicieron saber con un solo movimiento de cabeza. Pero el invitado ya lo había decidido dentro de él y corrió el riesgo de entrar a la caverna de desechos. Los otros lo esperaron afuera sin entender el sentido de su acción, aunque uno de ellos montó guardia a la entrada. Lo conocían como el señor profesor y les costaba aceptar que un caballero educado como él quisiera hacer algo semejante. Dentro había una mesa y una silla pequeñas. Un colchón de espuma y un saco de dormir. Pegados a las paredes había muchas imágenes encontradas en años de búsqueda por esos desparramos. El troglodita tomando una vela encendida se aproximó a una de esas imágenes y la alumbró. Era un póster en el que aparecía el maestro Jesús llevando un cordero blanco en torno a su cuello, cogido por las extremidades; igual a otro que en su infancia él había visto en un "santito" entre otros, que su padre le mandó hacer cuando hizo su primera comunión en 1937. Entonces el hombre mirándolo fijo e indicando con el dedo al cordero le dijo: "Ese corderito soy yo…".

37

DEL JUICIO

No es que el mundo se vaya a acabar; el mundo ya se acabó. Y ese tan temido acabo de mundo ha sido, para decirlo con todas sus letras, más un hecho banal que apocalíptico.

Obnubilados por la magia de la imagen y la complacencia de ser oportunamente informados sobre el acontecer mundial, deambulamos entre los escombros de lo que fue un mundo. El solo hecho de ser informados por los medios de un modo tan vívido y directo diluye el horror de los hechos noticiados en la rutina informativa de una pantalla que se alumbra u oscurece a voluntad. La vigencia constante y progresiva de lo monstruoso nos va acostumbrando a todo y a cualquier cosa. Total, siempre resulta ser la desgracia de otros.

Nos mueve la creencia de que los recursos financieros, la tecnología apropiada y la capacitación nos construirán un mundo mejor por sí solos. La verdad es que no podrá haber un mundo mejor, porque ya no hay mundo que mejorar. Lo que sí habrá es un mundo "otro" cuyo advenimiento no guarda relación de continuidad con éste, aunque se ha de levantar sobre esta misma tierra que hoy nos sostiene.

La situación actual en que se halla la humanidad se puede definir así: Todos saben que el mundo ya se acabó, pero la certeza de su fin es algo que nadie puede soportar, por eso se la desecha mediante la mitología del consumo.

La familia humana se degrada día a día en movimiento uniformemente acelerado, pero el horrendo espectáculo se desvanece en oficinas que emiten informes autorizados y alentadores en cifras de macroeconomía.

Como si fuéramos a durar eternamente, nos desentendemos de la muerte, imprevisto que no podemos integrar al sistema y que es desechado mediante la sublimación, esto es, nuestra alma renuncia a su inmortalidad para transferírsela al sistema. Por eso el historiador británico Arnold Toynbee sostiene que la civilización occidental es la única que está libre del peligro de extinción, porque conoce los mecanismos de la decadencia y sabe cómo paliarlos.

Los que tienen creencias sobre la vida extraterrena esperan ganar méritos suficientes como para pasar con éxito el juicio particular post mortem o reencarnar en un plazo prudente y en mejores condiciones para el consumo.

No es que vaya a haber un juicio final: estamos ya en él y en medio de sus más acalorados alegatos desde hace muchas décadas. Nadie conoce aquí a sus acusadores ni a sus jueces ni defensores. Cada cual puja por sustraer su pellejo, hasta donde se pueda, del infierno que todos hemos contribuido a crear con nuestra tecnología de punta.

El juicio final consiste en la separación de los unos y de los otros para que cada cual quede ubicado en el mundo que demostró ser de su preferencia.

Los germanos con su pericia guerrera demostraron su preferencia por un paraíso en el que la guerra sería el estado permanente y normal del hombre, redimido de todas sus miserias. Esto es, la guerra como supremo bien. Tal es su Walhala.

Los islámicos demostraron tener más sabiduría y mucho mejor gusto que los germanos al imaginar su paraíso como un lugar en el que podrán gozar de las buenas cosas de la vida servidos por la huríes. Tal será su premio después de haber convertido o derrotado, eso sí, a todos los infieles.

En lo que se refiere a los cristianos, ellos al imaginar su estado venturoso cantando eternamente a la gloria de Dios, en polifonía modal o tonal, no parecen mejor ubicados que los germanos, ni menos aún que los islámicos.

En lo que se refiere al tema del más allá, es preferible la discreción del rabino Jesús, quien, refiriéndose a nuestro destino extraterreno se limitó a decir: "En casa de mi Padre hay muchas moradas".

El juicio final comenzó con la decapitación de Luis Capeto (Luis XVI).

Como simple particular el buen hombre no merecía terminar su vida de ese modo, pero era rey de Francia, y en su calidad de tal, la monarquía francesa había acumulado méritos de sobra para que su príncipe de turno subiera a la guillotina.

Iniciado de ese modo el juicio final, continuó con la decapitación de los decapitadores, con lo que el supremo juez reiteró su declaración de que los caminos del cielo no son los caminos de los hombres.

A la guillotina le siguieron las masacres internacionales operadas por el heredero póstumo de la revolución, autoproclamado emperador. Su misión era la de castigar a todos los reinos de Europa, incluido el estado del Vaticano. Entonces el pontífice romano fue detenido y trasladado a Francia en calidad de prisionero, para terminar humillado en la catedral de Notre Dame de París, cuando el emperador a quien él debía coronar lo dejó en ridículo ciñéndose la corona por sí mismo, cortando simbólicamente así el nexo que unía a la cultura europea con la fe.

Esta primera etapa del gran juicio terminó con la derrota del emperador y su confinamiento en la isla de Santa Elena, donde al parecer murió de melancolía al ver cómo todos sus sueños de grandeza se desvanecían.

Le faltó la sabiduría necesaria para hacer consciente el hecho de que él no era más que el azote de Dios. Pero de algo hay que morirse. Ahora sabemos, por investigaciones posteriores, que fue envenenado por su alguacil, el inglés Hudson Law, quien introdujo en sus comidas dosis homeopáticas de arsénico.

A partir del deceso del emperador, el mundo entero entró en la segunda fase del gran juicio. Esta segunda fase se configura a partir de los hechos finales de la primera, es decir, el auge de la civilización anglosajona, la cual, desde hace un siglo, se ha vuelto para nosotros como un alguacil que día a día nos envenena el alma con dosis homeopáticas y acumulativas de una ideología utilitaria y banal. El breve auge del marxismo en el siglo XX no alcanzó a alterar esta preeminencia del utilitarismo anglosajón. Por eso la regresión mítica del comunismo fue efímera, tanto como lo fue la del nazismo.

Las guerras mundiales, las guerras frías, la desintegración del átomo y la amenaza de un apocalipsis nuclear son características relevantes de esta etapa.

La etapa siguiente corresponde a la desarticulación progresiva del orden natural. Cuatro ángeles lanzan el contenido ponzoñoso y cáustico de sus respectivos cálices sobre el mapa curvo del planeta, lo cual inaugura el período en que las empresas alcanzarán su más alto índice de utilidades, mientras bulle el terrorismo en gran escala, el narcotráfico, la violación de niños y los fundamentalismos religiosos. Esta etapa terminará con la definitiva separación de los unos y los otros, la cual se viene realizando ya desde hace muchas décadas también, desde que un sector de la humanidad llamado "cifra crítica" ha puesto en tela de juicio el modelo de ciudad humana hoy vigente, por razones científicas, éticas y espirituales. Su mensaje coincide en varios puntos con el del Nuevo Testamento, particularmente con ese versículo de los Hechos de los Apóstoles en que Pedro frente a una multitud en Jerusalén exclama: "Libraos de esta generación perversa". Las palabras pueden diferir, pero el sentido es el mismo.

La etapa siguiente es la del cambio climático y el colapso del sistema. Es el caos generalizado del que sólo podrán sustraerse los que conserven algo del soplo de vida venido del cielo que recibió en sus narices el primer hombre y lo instituyó en ánima viviente. Los demás, esto es, la mayor parte de la especie homo sapiens, perecerá en el colapso de este modelo de ciudad en que puso toda su fe.

En la etapa siguiente y final comienza la habilitación de los espacios naturales que quedarán después de la conflagración para la construcción de un nuevo mundo que en nada se parecerá al que todavía se mantiene en pie. El progresivo deterioro y degradación del basural de chatarra que quedará diseminado sobre la superficie de la tierra hará posible que las grandes urbes y sus instalaciones se transformen en colinas sobre las que pueda brotar de nuevo la vegetación.

Cuando las comunidades sobrevivientes recen el Padre Nuestro en esos tiempos no tan lejanos no necesitarán incluir la petición: "Hágase tu voluntad así en la tierra como en el cielo".

Limache. Enero de 2007.

9 789561 125735